Hermann Handlechner
Ingrid Schandl-Jelinek

Es muss nicht immer Jakobsweg sein

Am Griechischen Fernwanderweg „E 4"

Ein amüsant-provokanter Reisebericht eines
Öko-Rucksacktouristen

Gut dass ich nicht so schwer bin,

dadurch kann ich mich selber leichter auf den Arm nehmen.

Impressum

Copyright by
Hermann Handlechner und Ingrid Schandl-Jelinek
Salzburg, Mai 2012
1. Auflage

Herausgeber und Autoren:
Hermann Handlechner
Mitglied bei: Naturschutzbund Salzburg, EuroNatur, Umweltpfarre Seekirchen
Adresse: Anton Windhagerstraße 9, 5201 Seekirchen

Ingrid Schandl-Jelinek
Karl Adrianstr. 12, 5020 Salzburg
Email: i.schandl@gmail.com
Tel. +43/664 39 99 856

Lektorat: Inge Brötzner, Franz Schallmeiner, Nadine Neupert

Fotos: Hermann Handlechner
Ingrid Schandl-Jelinek

Druck und Produktion:
Colordruck Helminger & Co. Ges.m.b.H
Vogelweiderstr. 116, 5020 Salzburg
www.colordruck.at

Verlag
Colorama
Verlagsgesellschaft m.b.H.
Gabelsbergerstraße 25, 5020 Salzburg
Tel. 0662 / 84 08 99-55
Fax 0662 / 84 08 99-44

ISBN: 978-3-902692-53-5

Dieses Projekt wurde auf umweltfreundlichen Papier gedruckt.

Inhalt

Vorwort

Ein paar Mal lächelte sie.

Manchmal lachte sie.

Und einmal hörte ich ihr helles Lachen sogar durch zwei Türen!

Sie las gerade meinen Reisebericht, der einen kurzen Abschnitt des europäischen Weitwanderweges, des „E4 GR", beschreibt.

Ausgerechnet den Blödsinn von der Strecke am Peloponnes, entlang der Zahnradbahn hatte sie aufgeschlagen. Daneben ein Glas Ouzo oder war es vielleicht schon das dritte? Kein Wunder, Blödheiten vertragen sich gut mit griechischem Anisschnaps. Also darf auch gelacht werden!

Und dieses Lachen fehlt uns nun seit geraumer Zeit!

Beim Schreiben dieses Reiseberichtes schaut Friederike sicher ganz neugierig von „Oben" zu. Schließlich handelt er ja von ihrem geliebten Griechenland, dem Land, das sie nach ihrer Pensionierung zu ihrer zweiten Heimat erwählt hatte. Bereits sechs Monate nach ihrer Auswanderung wurde die Erde von Chania ihre Heimat auf ewig.

Mein Manuskript konnte sie leider nicht mehr zu Ende lesen, darum ist dieser Reisebericht IHR gewidmet!

Für Friederike

Entstehung einer Idee

Was haben Bleikogel und der Profitis Ilias bis auf 5 m gemeinsam? Der Bleikogel bildet mit seinen 2.412 Metern den zweithöchsten Gipfel im Tennengebirge in den nördlichen Kalkalpen und ist mit meinem Bergkameraden, dem Maier Sepp, leicht zu erklimmen.

Der Profitis Ilias, 2.407 m hoch, liegt im Taigethos-Gebirge am recht geschichtsträchtigen Peloponnes, dem 12. Bundesland der neuen Griechen. Mit den fünf Metern weniger, ist er der höchste Gipfel des Peloponnes und thront über der südlichen Provinz Lakonien. Gemeinsam bieten sie eine irre Aussicht, Schnee bis in den Monat Mai, süße Pflanzerl am Weg und mit sogenannten „Schlapfen[1]" hat man bei beiden keine Chance!

Wieso sollte man dann zum Profitis Ilias[2] fahren, der doch so weit entfernt ist?

Es ist der mediterrane Unterschied. Oben angekommen, bleibt einem die Luft weg. Es ist atemberaubend! Aus fast 2.500 m über dem Meer sieht man im Norden die vielen Gipfel des Taigethosgebirges, im Süden dessen Ausläufer sowie die angrenzende azurblaue Ägäis.

Ein weiser Spruch lautet: „Wenn der Berg nicht zum Propheten kommt, dann muss der Prophet eben zum Berg".

Also nichts wie weg, sagte ich mir, denn mit diesen Gedanken und Bildern in meinem Kopf war es daheim fast nicht mehr auszuhalten.

---

1) Pantoffeln
2) Prophet Elias

„Profitis Ilias"! Dieses schöne Wandererlebnis in Griechenland, gemeinsam mit einer schwäbischen Truppe, liegt jetzt circa fünf Jahre zurück. Da darf der Wunsch nach Wiederholung, in Form einer ähnlichen Reise, doch schon wieder vorkommen.

Trotz der fünf Jahre Distanz hat mein Gedächtnis außer einem Schild mit „E 4" noch ein Bild gespeichert, das der bezaubernden Ute. Schwarz – schlank – schlau.

„Zu jung für mich", hat sie, die Angebetete, sehr witzig und diskret formuliert. Gedacht hat sie sicher wie ich: dieser Austrianer ist einfach viel zu alt!

Ein paar Mal durfte ich ihr kleines Händchen halten, für einen „alten Opa" wie mich schon ein wahrer Triumph.

Doch wieder zurück zum „E 4". Das Schild war unterhalb der Schutzhütte auf 1.600 m Höhe neben einer Quelle, von wo aus der Prophitis Ilias angegangen werden konnte.

Willi Bosch, der Chef unserer Wandertruppe, wusste natürlich, dass es sich bei dieser Markierung um den griechischen Weitwanderweg handelt.

So etwas ist doch nur für Ausländer und ähnlich irre Typen, dachte ich mir. Was soll denn ein Grieche mit einem Wanderweg, geschweige denn mit Fernwanderungen anfangen? Der ist doch schon froh, wenn er den Weg vom Wohnhaus ins Cafeneon zu Fuß hinter sich bringt. Popen und Hirten sind natürlich ausgenommen. Die müssen manchmal wandern, um ihre verlorengegangenen Schäfchen wieder einzufangen.

Unser Wanderführer erklärt, dass dieser „E4 GR" von der nordgriechischen Stadt Florina, die durch alte türkische Häuser geprägt wird, bis nach Githeon im Süden des Peloponnes führt. Es gibt einige gute Bücher, in denen auch abschnittsweise Pläne enthalten sind. Nur die angegebenen Zeiten sind meist nicht für Rucksäcke mit mindestens 15 Kilo berechnet, sondern für nicht transpirierende Touristen mit höchstens zwei Kilo-Wimmerln um die Hüfte. Das restliche Gepäck schleppt der Jeep.

Wahrscheinlich kommen die angegebenen Bestzeiten auch daher, weil der Weg anfangs am Olymp vorbeiführt. Da kommt man schnell mal ins Reich der Mythen oder man hat sich die Zeiten vom Orakel von Delphi besorgt.

Für mich waren diese Zeiten jedenfalls nicht erreichbar.

Wie auch immer! Es juckt fürchterlich bei diesen Gedanken, auch an Ute, diese herrliche Gegend wiederzusehen. Und Pensionisten haben außerdem zu solchen Blödheiten, wie wir wissen, genug Zeit.

Diese Typen sind ihrem Ablaufdatum schon wesentlich näher als das noch arbeitende Volk. Das heißt, sie wollen vor der bevorstehenden Himmel- oder Höllenfahrt noch etwas erleben. Möglicherweise könnte es auch eine verspätete Selbstverwirklichung sein, wenn sie in den 68 iger Jahren dieses Thema verpennt haben. Nur zur Erinnerung, es waren die Zeiten der langmähnigen Hippies. Ich mußte jedoch auf Grund meiner dürftigen Haarpracht auf dieses Modeoutfit verzichten, übersprang einfach diese Epoche und erschuf somit die neue Ära der Kahlgeschorenen.

Heute stehe ich bereits in den vordersten Reihen der Himmel- oder Höllenfahrtstouristen und wie gesagt, es eilt. Deshalb wird schleunigst beschlossen, noch im August soll es losgehen. Ein Teilstück vom „Europäischen Fernwanderweg E4 GR".

Viele Fragen beschäftigen nun unaufhörlich meinen Kopf. Ich weiß, es ist der heißeste Monat in dem ich meine Solotour starte und die meisten Wege dieser Strecke liegen nur auf circa 1.000 m Seehöhe. Welche Kleidung schützt mich vor überhöhten Körpertemperaturen? Auf keinen Fall die von der Hausärztin empfohlenen langen Beinkleider. „Dicke Socken, oder noch besser Kniestrümpfe wären ideal", meinte sie. Natürlich ist diese Verpackung nur gedacht als Schutz gegen Schlangen und sonstige giftsprühende Kriechtiere.

Ich habe jedenfalls im Sinn, ihre gut gemeinten Ratschläge zu befolgen. Besser transpirieren denke ich mir, als krank oder tot.

Zur weiteren Vorbereitung einer solchen alleinigen Abenteuerreise gehört natürlich auch noch eine Nachfrage bei der griechenlanderfahrenen Friederike. Mit ihrem damaligen Freund Christian war sie im gebirgigen, siebten Bundesland, dem Epirus, mit dem Wohnmobil unterwegs. Dies entsprach zwar nicht ganz meinen strengen ökologischen Dogmen, immerhin das Flugzeug wurde ignoriert.

Für noch Unkundige: der Epirus liegt gegenüber von Korfu. Dieser ist mit einer der Fähren von Venedig aus umweltschonend zu erreichen.

Genügt ein Zelt ohne Schlafsack? Oder ein Schlafsack ohne Zelt!? Oder ist beides nötig? Wäre ein Unterhoserl für die ganze Reise auch genug? Auf der Landkarte sind ja eine Menge Bäche eingezeichnet, um die eventuell nötige Wäsche zu verrichten.

Friederikes Epiruserfahrung bewirkt, dass der Schlafsack zu Hause bleibt um Gewicht zu sparen. Eine Entscheidung, die sich später noch rächen wird.

Außerdem verhilft sie mir noch am Tag vor der Abfahrt, die neue Ära der Kahlgeschorenen zu beginnen. Eine wahrhaft jungfräuliche Tat! Zum ersten Mal in meinem Leben bekomme ich mit der Schere eine Stoppelfrisur verpasst.

Es ist ein heißer Nachmittag an der Königsseeache. Sie entspringt am Königssee im Berchtesgadener Land und mündet in Salzburg in die Salzach. Dort, kurz vor der Mündung, laufen die Halb- und Ganznackerten in Scharen herum. Wir verlegen die Zeremonie in den Schatten, was leider temperaturmäßig nicht reicht. Darum wird beschlossen dem Verein der Ganznackerten anzugehören.

Die Beteiligten, Haarkünstler und Opfer, haben dabei viel zu lachen. Manchmal kichern von nebenan auch ein paar Badegäste herüber, was jedoch keine Scham hervorruft, sondern die Gaudi noch erhöht. Nach etwa 45 Minuten war der Scheren-schnitt zu Ende und die Barbierin meinte dazu ganz locker: „Gar nicht so schlecht". Bis heute ist mir nicht klar, ob da ein Funken Ehrlichkeit dabei war. Trotzdem gab es dann zur Belohnung im Wirtshaus Bier und Jause, Lob für die Arbeit und Selbstlob für den Mut des Zweiflers.

Die Tage vor der Abfahrt kosten mir jede Menge Nerven. Nicht auszudenken, wenn ich die Reise mit einem Flugzeug beginnen müsste. Ökologisches Denken in Kombination mit Flugangst - unvorstellbar! Die Checkliste fünf Mal durchge-gangen, Strom, Türen, Wasser, alles zehn Mal kontrolliert, Adressenliste dabei, genug Filme. Alles passt also.

Die Reise beginnt

Die Fahrkarte von Seekirchen nach Venedig bekomme ich von dem immer hilfsbereiten ÖBB-Schalterbeamten Georg. Leider wurde Georg einige Zeit später von einem weniger hilfsbereiten Automaten ersetzt!

<u>Los gehts!</u> ***Es ist der 16. August 2002, 23.05 Uhr.***

Abfahrt vom Bahnhof Seekirchen am Wallersee, 1.15 Uhr ab Salzburg. Mein Reisewecker ist auf 3 Uhr eingestellt zum Umsteigen in Villach. Ab hier schläft der Rucksacktourist durch bis Venedig Endstation – Santa Lucia. Zur Tradition meiner bereits vorangegangenen Reisen gehört der Cappuccino in der Bahnhofshalle von Venedig. Das Gepäck wird nicht aus den Augen gelassen. Auch nicht die mir bereits bekannte, etwas ältere, rauchende Frau, die stundenlang am Bahnhofsgelände ihr Wagerl hin- und herschiebt. In den Mülltonnen sucht sie nach Resten, weil sie ständig etwas zum Beißen braucht. Man merkt natürlich das behutsame Kauen, da die Anzahl ihrer Zähne nicht mehr ganz der Norm entspricht.

17. August, früh morgens.

Langsam füllt sich die Bahnhofshalle samt dem großen Vorplatz mit den unterschiedlichsten Leuten. Trotzdem fallen die typischen Italiener besonders auf. Geschäftig und flott, gut gestylt – nicht nur die Frauen. Und erst die Schuhe! Viele meinen ja, man kann nie genug davon haben! Haben diese Leute sonst auch noch Sorgen?

Mit Sack und Pack marschiere ich gleich über die nächste Brücke in Richtung Hafen. Der Weg führt zunächst am Kanal entlang. Viele kleine Boote tuckern darin in alle Richtungen. Die romantisch besungenen Gondeln findet man nur in der Innenstadt mit Touristen vollgefüllt. Hier am Rande der Stadt lässt leider auch die Schönheit Venedigs etwas nach. Gelegentlich zieht ein etwas strenger Geruch durch meine Nase. Die Transpiration ist bereits eingeleitet. Daher werden jetzt schon die Pausen geübt. Alle 15 Minuten. Wie wird das erst 1.000 km weiter südlich werden?

Man sieht ihn schon, den Schornstein der Fähre. Das ist sicher ganz praktisch, wenn man nicht genau weiß, ob die Richtung passt. Rostbraun, links und rechts den König Minos aufgemalt, etwa 15 m über dem Meer. Zwischen den riesigen Hafenblocks mit ihrem dreckigen Einheitsgrau ragt er zielweisend hervor. Spätestens jetzt wird sich bei meinen unqualifizierten Schiffsausdrücken der Magen meiner Skipperverwandtschaft umdrehen. Luv und Lee, statt rechts und links, so sollte es im Fachjargon heißen. Und der Schornstein? Ist das der Schlot? Oder bin ich etwa der Schlot, ebenfalls eine Bezeichnung für einen so hoffnungslosen Typen.

Endlich, der König Minos ist in voller Größe zu sehen. Das heißt, ich bin angekommen. Das Schiff, fast 200 m lang, einige Stockwerke hoch und trotz seines Alters mit viel technischem Klimbim ausgestattet. Ein Radargerät dreht sich langsam, viele Antennen mit den dazugehörigen Schüsseln und noch viel mehr Hebeln und Rollen, an denen die Rettungsboote hängen. Da kann mein kleines Ruderboot „Eleni", ankernd am Hafen von Seekirchen am Wallersee nicht mehr mithalten.

Jetzt noch schnell am Schalter die Bordkarte kaufen und nicht beschummeln lassen. Man muss sein biblisches Alter hervorheben, das ergibt dann ganze minus zehn Prozent!

Trotz des Hochsommers hält sich die Warteschlange an der Kasse in Grenzen. Vor allem, wenn man so wie ich, früh genug dran ist. Da ja viele weibliche Reisende den unbändigen Drang verspüren in Venedig zu shoppen oder sich vielleicht doch noch einen feschen Italiener zu angeln, ist mit dem gefürchteten Anstellen erst kurz vor dem Auslaufen des Schiffes zu rechnen.

Also schnell wieder hinaus aus der Kassenhalle und hin zum erotischen Schifferl, der Minoan Lines mit dem wohlklingenden Namen „Erotokritos". Die schönsten Plätze sind jetzt noch zum Aussuchen. Zur Vorsicht nimmt man am besten gleich zwei, man kann ja nicht wissen, wer noch hinzukommt. Und einen dritten Platz im Inneren, also im Bauch des erotischen Monstrums.

Wie komme ich eigentlich auf erotisch? Erotik an so einem Haufen Blech? Die Farbe des einst außen weißen Schiffes hat sich inzwischen in schmutziges Grau verwandelt. Die Deckböden sind blau gestrichen und die Schweißnähte gut sichtbar. Ist das die Erotik? Sind es die leicht vergilbten Teppichböden oder die alten Poster von Kreta bis Pileon an der Wand? Der Minos am Kamin ist es bestimmt auch nicht! Also was dann?

In meinem Seelenalbum öffnet sich ein Bild vergangener Zeit. Ein kleines Schwimmbecken am Weg zur Außenbar. Hier spüre ich die Erotik als Ingrid hinein-springt und langsam wieder auftaucht, um anschließend ihren vollendeten Body der Sonne und dem Volk zu präsentieren. Es fängt an zu knistern vom Bug bis zum Heck und von Luv bis Lee. Dann steigt auch der König Minos vom Kamin und wird feststellen, dass es auch heute noch Formvollendung gibt, bei der Aphrodite, die Schaumgeborene, schwer mithalten könnte.

„Erotokritos". Ich hänge meinen Träumen noch etwas nach und gehe dann in die Sonne nahe dem Becken.

Ich habe noch drei Stunden Zeit bevor das Schiff ausläuft. Zeit für ein paar Tipps an die TV-Traumschiff-Schauer sowie an die Skipper von Kleinschifferln wie Bavaria 1 bis 100.

Den TV-Traumschiff-Schauern sei gesagt:
- Hier sagt niemand zu dir: „Willkommen an Bord".
- Die Mannschaft stellt sich auch nicht vor, höchstens der Mann mit dem Wasserschlauch: „ich Antonio, muss gehn putzen"
- Zur Begrüßung gibt es nur Fruchtsaft und keinen Sekt.
- Die süßsauren Verwechslungsgeschichten findest du hier nur ganz selten.
- Deinen heißgeliebten Vorgesetzten begegnest du sicher auch nicht.
- Den weißen Blazer und die Schüsselfliege kannst du getrost zu Hause lassen.

Zu den Skippern möchte ich folgendes sagen:
- Du hast hier überhaupt nichts zu melden.
- Du kannst niemanden mit Knoten pisacken.
- Die Strecke ist vorher- bzw. fremdbestimmt.
- Du brauchst daher mit Sextanten und Sternenkunde niemanden zu imponieren.
- Du bist einer von vielen und angesichts des 200-Meter-Schiffes nur ein ganz „Kleiner".

Das Schiff legt ab

Der/die LautsprecherIn erklärt jetzt die neue Uhrzeit für Griechenland, anschließend die Struktur, sowie die Zeit des Selbstbedienungsessens. Auch die etwas reicheren Kabinenbesitzer erhalten bestimmte Vorschriften.

Die beeindruckende Ausfahrt beginnt und man bewundert all die Straßen, Brücken, Kanäle und Paläste, die vorher noch eiligst durchgelaufen wurden. Mindestens zwei schiefe Kirchtürme sind zu sehen. Das Geld für Pisa kann man somit in Sinnvolleres investieren. Gut eine Stunde dauert die langsame Fahrt hinaus aufs offene Meer. Die Adria. Die meisten, die zum ersten Mal hier an der Reling stehen, haben in diesem Moment den Mund weit offen, zum Staunen, Stöhnen und zu „Ah- und Oh-" Rufen. Oder sie flüstern ihrem Liebsten noch so manche traumschiffähnliche Texte ins süße Ohrläppchen, unterbrochen höchstens vom Klicken der Fotoapparate und vom Surren der Kameras. Die Passagiere rennen, weil es beiderseits des Schiffes Sehenswürdigkeiten gibt, ständig von Luv nach Lee, um ja nichts in ihrer Bilddokumentation zu verpassen. Sie bestaunen den großen Platz mit dem Dogenpalast, der meist mit knipsenden Japanern überfüllt ist. Diese Sorte von Touristen machen bekanntlich alles in einem. Venedig, Salzburg, Paris ..., ist ja auch ökologischer, wenn man alles zusammenfasst. Die Kamera mit dem dazugehörigen Laptop sorgt dafür, dass es kein Durcheinander gibt. Wäre doch peinlich, Mozart mit Verdi oder den Dogenpalast mit dem Eifelturm zu verwechseln.

Kann man Epirus mit Epidaurus auch verwechseln? Mit einer zweisprachigen Landkarte hat nun der Weitwanderer circa zwanzig Stunden Zeit, sich ein bisschen weiterzubilden und vorzubereiten. So lange dauert es, bis wieder Land in Sicht gemeldet wird. Von hier aus sind es dann noch zweieinhalb Stunden zu den Othonischen Inseln beziehungsweise drei Stunden nach Korfu. Bei der Einfahrt in den Hafen von Kerkira, der Hauptstadt von Korfu, wird es sichtlich immer schwieriger, die Orientierung nicht ganz zu verlieren. Das Schiff dreht und wendet sich, Land auf beiden Seiten und kleine Inseln dazwischen. Da braucht der Laie schon mal einen Manöverschluck, um wieder klar durchzublicken. Fernstecher nehmen, schauen und staunen, die Landkarte immer in Fahrtrichtung drehen, so könnte es klappen. Doch stop, noch ist es nicht so weit!

Noch einmal möchte ich kurz zurück zum Namen der Fähre kommen. „Erotokritos".

Nachdem der Rucksacktourist von seinem erotischen Höhenflug wieder auf dem Boden der Realität gelandet ist, macht er sich auf die Suche nach der echten Historie dieses Namens. An der Rezeption, im Bauch des Schiffes, findet er ein kleines Faltprospekt mit der Überschrift: „Wer war Erotokritos".

Darin befinden sich auch ein paar Daten über die Aretousa und ähnliche Fähren. Ein kurzer Hinweis daraus: „Erotokritos und Aretousa" ist eines der größten Werke der griechischen Literatur. Der Autor des Werkes, Vincenzos Kornaros, erzählt eine spannende Liebesgeschichte, die schon Generationen von Griechen über vier Jahrhunderte begeistert hat.

Sogar technische Daten der Fähre findet man in dem Prospekt, aber wen interessiert das schon, wenn man auf die Maße von Ingrid abgefahren ist.

Ich begebe mich mit meiner Informationsbroschüre wieder an Deck und bei Kaffee und Restkuchen von zu Hause mache ich mich an die Vorbereitung des Wesentlichen, dem europäischen Weitwanderweg „E 4 GR".

Wenn da nicht vorher Patras wäre, die Endstation der Fähre morgen um 22 Uhr. Schon unterbrechen mich wieder fragende Gedanken! Wie soll es um diese, so späte Ankunftszeit weitergehen? Durch und durch grün eingestellt, kommt für mich ein Hotel sowieso nicht in Frage! Wo also lege ich mein müdes Haupt zur Ruh?

Ganz einfach! Ich mache es wie bei meinen Korfureisen. Ich schlafe im Hafengebäude. Da gibt es mein „rotes Sofa", das ist eine schöne rot-gepolsterte Holzbank und jeder der darauf sitzt oder liegt, wird außerdem noch gut bewacht von der danebenliegenden Polizeistation.

Ich denke, auch in Patras wird es einige dieser Sofas geben, also nicht mehr weitergrübeln!

Die Bildungszeit am Pool hat dazu beigetragen, vorerstmal den Ausgangspunkt des E4 GR endgültig festzulegen. Diakofto! So heißt der Ort, von wo aus die berühmte, mindestens 100 Jahre alte Zahnradbahn rechts hinauf ins Gebirge geht. Gebirge ist etwas übertrieben, nur gute 700 m Höhe, aber immerhin durch die Vouraikos-Schlucht. Wer genug Muskeln hat, könnte dann von der Zwischenstation, dem Kloster Mega Spileon, in das Helmos-Gebirge weitergehen.

Nun kommt das Beste aus „Hirners-Wanderführer": Man kann auch entlang der Zahnradbahn gehen. Da muss ich gleich mal für alle, die meinen Bericht nicht mehr zu Ende lesen möchten, etwas vorgreifen. Ja, ja, man kann! Jedoch bitte mit Vorsicht! Der Bauch oder der Rucksack sollte nicht zu viel Platz einnehmen. Vor den Tunnels sollte man aufpassen, also zuerst hineinhorchen, ob da nicht gerade ein übermächtiger Gegner, sprich Lokomotive, daherkommt. So könnte bei Unvorsichtigkeit am Ende des Tunnels der Rucksack ohne Tourist erscheinen oder umgekehrt. Hände und Beine eng zusammenhalten, Schultern vorne etwas zusammenklappen, Kopf mit Kapperl schön gerade und nicht seitlich legen.

Ein Fahrplan wäre sicher auch ganz praktisch, doch kann man sich in Griechenland auf den verlassen?

Was tun die Leute so den ganzen Tag am Schifferl? Das Gelände, also die Adria, ist ganz eben. Gleichmäßig blau wenn die Sonne scheint, einheitlich grau wenn sie sich versteckt. Zur Beruhigung vieler Seekranker wird das Gelände nie unebener als 0,5 m. Das nehmen solche Fähren ganz locker und keiner braucht hektisch zum Klo laufen.

Einen echten Ausnahmefall gab es ein Jahr vorher, als ab Albanien ein leichtes Wetterchen kam. Monika, meine damalige Reisebegleiterin verschwand in den WC-Räumen der Erotokritos. Die üblen Stunden endeten erst in Korfu. Da kam sie sehr groovig die Stufen herauf und war einfach reif für die Insel.

Heute scheint die Sonne. Das Meer präsentiert sich spiegelglatt und demnach blau. Das meiste touristische Volk strebt aufs Deck, schmiert sich ein, liest ein Buch, trinkt Bier, spielt Karten, sucht auf Landkarten und so weiter. Also lauter simple Dinge. Einige kämpfen noch um eine freie Liege, um sich darauf in gleichmäßigen Zeitabständen zu drehen und zu wenden, nur mit dem Ziel: eine perfekte Schwarz-röstung! Diese, so glaubt man, solle ganz besonders sexy wirken. Wie lange wohl? Irgendwann wird das schönste, knackigste Obst in der Sonne zu Dörrobst!

Am und im Pool haben nur die Schönsten und einige Kinder Platz genommen.

Der echte Rucksacktourist liegt auf seiner Rolle vom Supermarkt, ein Zenti-meter dick, und trainiert bereits für die Nacht. Die geschweißten Fußböden können ganz schön hart sein. Die etwas reicheren Wanderer haben für ihren Luxuskörper ein selbst aufblasbares Ding. In blau, gesehen bei der Schaumgeborenen.

Trotz Sonne sitzen auch noch viele Leute, vor allem Männer, im Bauch des Schiffes. Sie geben sich cool und gelangweilt, als hätten sie die Strecke schon zum hundertsten Mal bewältigt. Lauter kleine Gangster denke ich, Zigaretten- und Autoschieber, die nicht auffallen wollen.

Ähnliche Gestalten lungerten auch schon bei einer früheren Fahrt mit Ingrid herum. Es waren mindestens ein Dutzend nicht gerade zarter Burschen, schwarz-haarig und mit Schnauzer. Sich mit denen anzulegen ist für die Gesundheit nicht sehr zuträglich. Folglich gab es auch wenig Widerstand, als die Meute sich wie ein Ring um Ingrid und notgedrungen auch um ihren Begleiter legte. Mit etwas Galgenhumor versuchte ich mir noch einigermaßen Raum und Luft zum Atmen zu verschaffen. Jedoch das Lachen und die Offenherzigkeit von Ingrid konnte diese Brüder nicht mehr bremsen. Ständig kamen Fragen, ob der Begleiter wohl der Vater oder der ältere Bruder sei, ein Onkel oder sonst ein Hoffnungsschimmer! Ein Ehemann konnte es ja nicht sein, denn der würde solch ein Juwel erst gar nicht aus der Kabine lassen. Das Vokabel „Freund" fand irgendwie nicht recht den Weg in die georgischen Köpfe. Ingrid schäkerte keck die ganze Zeit und ließ sich zu diversen alkoholischen Getränken einladen. Natürlich auch zur Jause und wohl oder übel bekam auch der Begleiter manchmal einen Happen ab.

Dass sie alle nur ganz brav ihre Autos von Deutschland in die Heimat zu bringen hatten, beruflich sozusagen, war eine der lustigsten Antworten auf die Frage nach ihrem Job dieser löblichen Fahrgemeinschaft. Wahrscheinlich hatte jeder von ihnen eine geklaute Kiste in der Fähre stehen, die sie ab Igoumenitsa quer durch Griechenland und durch die Türkei bringen, um sie daheim dann irgendwie zu verscherbeln.

Einen dieser Gesellen hatte es ganz arg erwischt. Kein Wunder! Ingrids Offenheit, sprich offenes Ohr, offener Mund und ganz besonders ihre offene Bluse machten ihn total verrückt. Er fragte nach Adresse und Telefonnummer. Auch wo wir uns in Korfu herumtreiben würden, wollte er wissen, denn schön langsam kam diese Insel immer näher. Die Panik erreichte ihren Höhepunkt beim Aussteigen in Kerkira. Als Gepäckträger konnte ihn Ingrid gerade noch brauchen, aber als Ehemann? Nur schnell weg!

Im Hafengebäude an der Nautic-Bar meinte die Fast-Ehefrau doch etwas erleichtert, Gott sei Dank sei noch alles gut ausgegangen. Eine Entführung Ingrids mit versehentlichem Über-Bord-Wurf ihres Begleiters wäre schließlich auch noch denkbar gewesen.

Bei einem Kaffee-frappee beruhigten sich langsam wieder die flatternden Nerven.

Die Erotokritos fährt folgsam, gleichmäßig schnell immer schön gerade aus. Um 17 Uhr griechischer Zeit erinnert die Lautsprecherin an das Nachtmahl im Selbstbedienungsrestaurant, wo doch die Meute noch recht ungeniert in der Sonne faulenzt. Land gibt es erst ab morgen vormittags zu sehen. Albanien. Dank dem Reiseführer „Hirner" ist nun in meinem Hirnkastl[1] der weitere Weg des E4 GR halbwegs gespeichert, ganz grob natürlich. Auf meiner Riesen-Landkarte vom Peloponnes sind wirklich fast alle kleinen Dörfer entlang dieses Weges einge-zeichnet. Wo es keine Tavernen und Übernachtungsmöglichkeiten gibt, steht im Faltprospekt. Es sind deren relativ viele. Deshalb schleppt man ja das Zelt und viel Proviant mit.

Wenn man den Reiseführer liest, scheint alles ganz einfach zu sein. Also Lernpause, die Beine vertreten und das Meer nach schwimmenden, springenden, sowie tauchenden Tieren absuchen, den Delphinen. Selten aber doch zeigen sie sich manchmal. Diesmal Fehlanzeige. Dafür umso mehr Konkurrenz aus Blech. Strinzis-Lines, Anek-Lines, Super-Fast und wie sie so alle heißen.

Morgen wird weitergelernt, heute nur mehr gefaulenzt, gegessen und getrunken. Das Schlafgemach richten ist bereits Routine.

---

1) Gedächtnis

Wichtig ist nur weit genug weg vom Lautsprecher. An kühlen Abenden so wie heute und ohne Schlafsack flüchte ich in den warmen erotischen Bauch des Schiffes, nutze einen leeren Nischenplatz und genieße den Teppich. Es ist natürlich nur ein Bodenbelag, trotzdem, mit der supergünstigen Supermarktrolle fühle ich mich wie in einer Luxusabsteige.

Fast ausgeschlafen und ohne Albträume ist das selbstgemachte Frühstück richtig Klasse. Selbstverständlich wieder an Deck, um nur ja nichts von dem bald zu erscheinenden Festland zu versäumen. Denn dieses sollte spätestens um 10 Uhr zu sehen sein.

Es ist der 18. August.

Ich, der bereits Wissende, wende suchend meinen Blick backbordseitig hinaus in die Weite des Meeres. Dort muss es gleich erscheinen, das kleine Land voller Mystik und mit dem für mich besonders wohlklingenden alten Namen: Das Land der Skipetaren – Albanien.

Das Land der Skipetaren – Albanien

Karl May hat unter anderem auch ein Buch unter diesem Titel geschrieben. Geschichtlich ist es noch nicht so lange aus, dass ein gewisser Enver Hodscha, verdammt diktatorisch, dieses, sein Land, unterdrückt hat. Gegen seine Feinde von Außen hat er tausende kleine Betonbunker als Schutz gegen Bomben bauen lassen. Passend auch zur Mystik der noch immer fürchterliche Brauch der Blutrache. Das ist natürlich nichts für friedliche Rucksacktouristen und somit bleibt es auch vorläufig nur bei der Betrachtung dieses Landes in respektvollem Abstand.

Land in Sicht! Wildromantisch tauchen aus dem Nebel die ersten Berge Albaniens auf. Die Kargheit dieser Gebirgskette wird von der hochkommenden Sonne in taufrische Farben gekleidet. Mit etwas feuchten Augen stellt sich ein Gefühl der Dankbarkeit an den Schöpfer, der Lebensfreude, der unbändigen Sehnsucht nach Freiheit ein. Auch Neugierde und ein großes Maß an Abenteuerlust in Blickrichtung der bevorstehenden Wanderungen kommen auf. Ich versuche mit meinem Feldstecher in den albanischen Bergen Wanderwege zu erkennen. Doch nichts, nicht mal ein Dorf ist zu sehen. Die einzige Stadt sieht man erst nach dreistündiger Fahrt bereits in Höhe Korfus. Die Nordwestküste Korfus und Albaniens Süden liegen nur 2 km auseinander. Von Sarande, so der Name der albanischen Stadt, sind vom Schiff aus nur Hochhäuser zu erkennen, also nichts Aufregendes. Die landschaftliche Schönheit dieses Landes dürfte also im Inneren liegen. So wie der Rucksacktourist auch immer noch hofft, dass seine innere Schönheit noch wachsen möge, als Ausgleich für den Verlust der äußeren.

Ein Film über Albanien lief im deutschen Fernsehen und hieß *„Die Albanische Riviera – Neuland im europäischen Tourismus."* Da staunt auch der Laie über so einen Titel. Im Teletext stand gedruckt:

„Deutsche Touristen trauen sich bislang nur von Korfu herüber. Die albanische Küste liegt nur wenige Kilometer entfernt. Aber der angebotene Halbtagsausflug nach Sarande gilt bei solchen Besuchern als Abenteuerreise. Albanien hat noch immer den Ruf, ein unsicheres Land zu sein und bleibt deshalb vorerst „terra incognita" auf der Landkarte europäischer Urlauber. Dabei wird Wagemutigen ein wahres Ferienparadies geboten."

Der Film war durchaus kritisch, genau in dieselbe Richtung, wie der Fernwanderer immer meckert. Also Befürchtungen, dass der Massentourismus mit Hotelklötzen Fuß fasst, anstatt ÖKO-Tourismus für Typen wie Friederike, Ingrid, Monika und Co. Eigentlich ein klassischer Fall für „Euro Natur".[1]

---

1) Stiftung Europäisches Naturerbe (EURONATUR) in D-78315 Radolfzell am Bodensee, Konstanzer Str. 22

Der kritische TV-Gucker hat sofort einen Brief hingeschrieben mit der Bitte, Auswüchse wie z.B. in Südspanien zu verhindern.

Rechts sieht man nun schon die Othonischen Inseln. Geheimtipps sind sie, so steht es in den Korfu-Reisebüchern. Von Roda oder Sidari aus sind sie mit kleinen Booten zu erreichen. Rudern wäre nicht so vernünftig. Die ungefähr zehn Kilometer, je nachdem welche der drei Inseln angesteuert werden soll, werden mit den typisch griechisch tuckernden Motorvehikeln bewältigt. Je nach Vereinbarung wird der Holiday-maker zu einer bestimmten Zeit wieder abgeholt. Dazu würde ich dem othonischen Insel-Hüpfer raten, Geduld zu üben, denn die griechische Pünktlichkeit ist mit der deutsch/österreichischen nicht zu vergleichen. Aus einem 17 Uhr kann leicht ein 18 Uhr werden, aus einem „morgen" ein „irgendwann".

Es muss ja nicht gleich so arg werden wie bei Odysseus, der erst nach zehn Jahren wieder nach Ithaka zurückkam, obwohl er versprochen hat, bald wieder da zu sein.

Abfahrt Salzburg Hautpbahnhof.

Umsteigen in Villach.

Bahnhof Venedig.

Die beeindruckende Kulisse bei der Ausfahrt Venedig.

Die Erotokritos ist zur Abfahrt bereit.

Statt im Flieger eine Thrombose riskieren, schimmen im Pool.

Luftiger Schlafplatz von Ingrid.

Die Meeresenge zwischen Korfu und Albanien.

Albanien ganz nahe.

Kerkira – die neue Festung.

Kerkira – die alte Festung.

Agios Spiridon Bucht, vorne ein kleiner Süßwassersee - Hintergrund Pantokrator.

Korfu in Sicht

Der Fotoapparat wird umgehängt, zum Gucker dazu. Vielleicht ergibt sich doch wieder ein neues Motiv. Ich erkenne Agios Spiridon, einen kleinen Sandstrand im Nordosten der Insel.

Mit Hilfe des Fernglases erspähe ich auch den Leuchtturm. Er steht auf einem schönen „monopati", so heißt auf Griechisch der Fußweg. Dieser führt dem Meer entlang nach Acharavi. Dahinter sind dann noch Roda und Sidari auszunehmen und im Inselinneren Karousades.

Kennen Sie Pausanias? Er hatte ein ähnliches Hobby wie der Rucksacktourist, nämlich Reiseberichtverfasser. Nur mit dem Vorteil, dass er es so gut konnte, dass 10 Bücher daraus wurden. Pausanias ist ein griechisch-römischer Schriftsteller, der die erste Reisebeschreibung Griechenlands verfasste. Er beschreibt in seinem zwischen 160 bis 180 n. Chr. entstandenen Werk die Geographie des Landes.

Zurück zu meiner persönlichen Geschichtsschreibung über Karousades. Ingrid, die Schaumgeborene, spielt darin wieder eine der Hauptrollen. Mit dabei ihre Kollegin Marianne, eine gelernte Krankenschwester, und drei Räder. Eines davon konnte oder wollte sich nicht mehr so recht drehen.

Das Gelände war weder gefährlich, holprig, nicht mal übermäßig steil oder sonst irgendwie bösartig. Auch die Lufttemperatur war noch nicht zu heiß. Dennoch blieb das Rad einfach liegen, direkt am Straßenrand. Defekt hatte es auch keinen, keinen Achter, nichts zu erkennen. Marianne und der Geschichtsschreiber waren etwas voraus. Bei einer schnellen Umkehr erkannte das geschulte Auge von Marianne sofort die Ursache.

Das Gebrechen lag nicht am Fahrrad, sondern an der Fahrerin, die nun ebenfalls am Straßenrand lag und fast kein Lebenszeichen mehr von sich gab. Die Antwort auf die Frage, was denn geschehen sei, ist historisch nicht mehr ganz genau überliefert. Intensivstationäre Texte wie: „Jetzt ist es aus mit mir, ich kann nicht mehr", oder „Lasst mich liegen, ich bin schon tot" konnte die Leichenblasse gerade noch hauchen. Marianne wusste sofort, was zu tun war. Nämlich Wasser trinken, Kühlung, Notfalltropfen …! Ein Stoßgebet zum Himmel nach erfolgreicher Wiederbelebung hatten wir alle auf unseren Lippen. Jetzt begann die Ursachenforschung für diesen totalen Schwächeanfall.

Diese ergab, dass
1. der vorabendliche Tavernenbesuch in Loutses zu lang war
2. folglich die anschließende Nacht zu kurz
3. der Zigarettenkonsum eindeutig zu hoch
4. und schließlich die Menge des konsumierten Retsinas von Ingrid wesentlich mehr war, als die zwei anderen zusammen verschluckten.

Nach dieser etwa einstündigen Erholungs-, Reue- und Danksagungsphase ging es dann in gemächlicherem Tempo Richtung Westen weiter.

Friederike

Das erste Mal sah ich sie bei unserer Dritten Welt Gruppe, der EvS – Erklärung von Salzburg. Es war Anfang 1993. Sie knipste wie ein Pressefotograf fortwährend in der Runde herum, obwohl wir gerade mal sieben Personen waren. Ganz ernst war ihr Ausdruck, kein Lächeln vergönnte sie mir. So plötzlich wie sie gekommen war, verschwand sie auch wieder. Fünf Wochen. Drei davon verbrachte sie mit einer Frau aus unserer Gruppe in Tansania. Danach ließ sie sich wieder sporadisch blicken, aber übermäßigen Eifer zeigte sie nicht für die damals recht modernen Themen der Dritten Welt. Lag es daran, dass sie im Bankwesen tätig war?

Langsam ließ sie die Katze aus dem Sack! Sie wollte aussteigen! Weg von den Moneymakern, hinunter nach Korfu ins wärmere Griechenland. Dort ein Häuschen bauen, einen Olivenhain kaufen, Kräuter sammeln und diese an die Touristen verkaufen. Eventuell auch auf Kinder aufpassen, deren Eltern sich einmal ganz allein am Strand vergnügen möchten. Mein Tipp war noch, den Griechen das Backen von Vollkornbrot beizubringen.

Gesagt, getan. Bevor wir sie noch richtig kennenlernen konnten, war sie schon weg. Nachrichten kamen spärlich aus Korfu, jedoch in diesen berichtete sie wie schön es hier sei, vor allem sehr grün vom vielen Regen im Winter. Ihre vorläufige Bleibe war im Norden der Insel nicht weit vom Strand der Agios Spiridon Bucht.

Als endgültigen Wohnsitz wählte sie ein kleines, renovierungsbedürftiges Haus weiter oben in Loutses am Fuße des Pantokrators. Dieser ist mit seinen 917 Metern der höchste Berg Korfus. Es dauerte jedoch nicht lange, da wurde das Geld zu wenig, die Männer zu schwierig, der Hausumbau zu teuer! Und die Olivenernte brachte auch nicht den ersehnten Reichtum.

Die Renovierung war erst zur Hälfte erledigt, da war die Kasse leer. Friederike kam wieder zurück und arbeitete bei verschiedenen Stellen. Die Freundschaft mit ihr blieb erfreulicherweise erhalten und die Freundesrunde wurde immer größer. So konnten nach und nach aus dieser bunten Gesellschaft jedes Jahr ein paar Leute ihren Urlaub in Loutses verbringen, das Haus wurde gut durchgelüftet, durchgeputzt und einige Euros fielen auch für Friederikes Hauserhaltungskasse ab.

Der Öko-Semperer[1], wie ich des Öfteren genannt werde, tat das Seine dazu! Er erklärte und half mit, wie es ohne Flieger und Auto zu schaffen ist, dorthin zu gelangen. Manchmal wurde er sogar als kostenloser Wanderführer eingeladen mitzumachen. Und so kam es, dass er sich im Norden von Korfu immer besser auskannte. Er wusste natürlich auch bald, wo es außer „monopatis"[2] und Radwegen

---

1) sempern = jammern, sich beklagen
2) Wanderweg

mit schönen Aussichten, ebenso schöne Einsichten gab. Natürlich in Form von Tavernen und Cafeneons. Da wurden die Heimwege der Loutses-Touristen des Öfteren beschwerlich und die Wege zu schmal. Ouzo, Metaxa und Retsina wirkten meistens verdammt nachhaltig. Doch ein starker Kaffee beim Nachbarwirt „Philipp" brachte am Morgen danach wieder ein komfortables Wandertempo zu Stande.

So vergingen für Friederike einige Jahre in Österreich mit viel Fleiß und Arbeit. Doch das Gesparte reichte trotzdem nicht aus, das Haus in Korfu fertigzustellen. Sponsor fand sich auch keiner und somit musste sie mit viel Herzblut und Verlust verkaufen.

November 1998, ihr 50. Geburtstag! Zu Friederikes Geburtstagsfeier, selbstverständlich in einer griechischen Taverne in Salzburg, war im Nu alles voll. Freilich nicht voll vom Alkohol, massenweise Freunde aus Nah und Fern befüllten den Raum. Sie wurde mit vielen Überraschungen, Gesängen und Gedichten beschenkt. Eine kleine Band aus Ghana, für die sie sich als Impresario und Sponsorin betätigte, spielte und trommelte gekonnt für uns.

Eine weitere herausragende Gestalt war die Tanzlehrerin Marianne. Friederike eröffnete mit ihr das drehende Schauspiel nach hellenischer Musik. Fasziniert schaute nicht nur ich den beiden zu. Marianne war die Führende. Graziös und leicht bewegte sie sich, ähnlich der schönen Pelagia in „Corellis Mandoline". Es war der Moment, bei dem Corelli endgültig merkte, welch himmlische Gefühle sich bei ihm auftaten. So lieblich es auch war zuzuschauen, bewirkte jedoch die führende Rolle der Frau bei den Männern Angst, sich an den Tänzen zu beteiligen. Wer riskiert denn bitte gerne falsche, ungekonnte Schritte, die auf den Füßen einer Frau landen könnten? Somit haben weitere Tänze nur mehr in beschränkter Zahl stattgefunden. Wiederum vorherrschend die Frauen.

Es wurde ein unvergesslicher Abend und … es sollte ihr letzter „Runder" sein!

Im Jahr 2004 ergab sich für Friederike trotz knapper Kasse noch eine zweiwöchige, mit mir gemeinsame Peloponnes-Reise. Selbstverständlich alles mit Rucksack und Quartiersuche inklusive der üblichen Preisverhandlungen.

Höhepunkte: eine Rundfahrt mit der Bahn, teilweise mit Schienenersatzverkehr. Eine Busfahrt von der Halbinsel Mani zum Cap Malea, der Spitze des nächsten „Fingers". Von dem dortigen kleinen Kloster Ag. Irini wurden wir mit einem gewaltigen Ausblick bis hin zur Insel Kithira belohnt.

Friederike war zum ersten Mal hier und ich durfte sozusagen den Leithammel spielen. Dafür sparte sie mir viel Zeit und Umwege durch ihr gutes Griechisch. Den Abschluss dieser sparsamen Reise bildete das lustige Addieren der Bahnkosten rund um den Peloponnes. Von Patras nach Korinth, dazwischen ein Ausflug nach

Agro-Korinth, dann mit der Bahn bis Argos. Von dort mit dem Schienen-Ersatzbus nach Kalamata, nach zehn Tagen wieder zurück nach Patras und das alles um ganze Euro 15,–.

Mit einem weiteren harten Arbeitsjahr in der österreichischen Heimat, erwarb Friederike Nachkaufszeiten für ihre Pension. Geschafft! Im Frühjahr 2006 verkündete sie uns dann doch etwas überraschend ihren Entschluss, nach Kreta auszuwandern. Auf die Halbinsel Akrotiri, eine 112 km² großen Halbinsel im Nordwesten, nähe Chania. Ihr Wohnort, Horafakia, vier Kilometer entfernt von Stavros, dem Drehort des Filmes „Alexis Sorbas". Friederike war stolz darauf, denn sie durfte noch den Kameramann kennenlernen. Sie fand einen schönen Strand, eine attraktive Radstrecke und eine großartige Wandertour. Voll Freude wollte sie uns all das bei einem baldig erhofften Kretabesuch zeigen. Ein Teil ihres Wunsches ging alsbald in Erfüllung. Besuch kam! Im September durften Theresa, eine Freundin aus unserer Runde, und ich sie in die Arme schließen. Zu diesem Zeitpunkt war sie jedoch bereits todkrank.

Sie verstarb am 19. November 2006, im Alter von 58 Jahren, im Krankenhaus von Chania an den Folgen einer Bauchspeicheldrüsenerkrankung. Tochter und Enkeltochter begleiteten sie auf den Weg zur Vollendung.

Ihr sollt nicht um mich weinen,

ich habe ja gelebt!

Der Kreis hat sich geschlossen,

der zur Vollendung strebt.

Glaubt nicht wenn ich gestorben,

dass wir uns ferne sind.

Es grüßt Euch meine Seele

als Hauch im Sommerwind.

Und legt der Hauch des Tages

am Abend sich zur Ruh',

send ich als Stern vom Himmel

Euch meine Grüße zu.

Friederike in den Bergen Korfus – im Hintergrund Albanien.

Friederikes Haus in Korfu.

Gemütlicher Essplatz im Olivenhain.

Die Erotokritos nähert sich langsam Kerkira, der Hauptstadt. Vorbei an Kassiopi, Kalami, Nisaki, Pigi und fast immer hat man den Pantokrator mit dem Kloster und dem Sender im Hintergrund. Zur Erinnerung oder für Neo-Korfioten, das ist der griechische Name für Gott und heißt der Allumfassende oder der Weltenherrscher. Gemeint ist damit Christus, Gottessohn. In den griechisch-orthodoxen Kirchen befindet sich die Christusikone meist in der Kuppelwölbung.

Kerkira. Das Schiff legt an. Der/die LautsprecherIn verkündet unromantisch, dass die Korfu-Visiter schleunigst ihre Sachen packen und das Schiff verlassen sollen. Die an Deck verbleibenden Weiterreisenden schauen interessiert dem An- und Ablegemanöver zu, den vielen Lastkraftwagen, Wohnwagen und sonstigen Krach- und CO_2-Verursachern. Gerne nimmt man(n) aber auch von oben herab das schöne Dekolleté der Rucksacktouristinnen ins Visier. Aussteigende in aristokratischem Weiß, auf das Schiff Kommende schokoladenbraun.

Mein Testosteron dürfte sich bei diesem Anblick etwas erhöht haben und es lockt mich sehr das Schiff zu verlassen. Ich erinnere mich an eine griechische Katherina, die mich mit ihren schwarzen Haaren und großen dunklen Augen bezauberte. Anstatt mutterseelenallein am Peloponnes umherzuirren, könnte ich ihr ja einen Besuch abstatten, in ihrem fast neuen Haus und dem ...wunderschönen Balkon. Mein Freund, der gute Korfiote Phillip, er besitzt eine kleine Taverne in Loutses, dozierte, man(n) lerne die fremde Sprache am besten im Bett einer Frau.

Also erstelle ich in Gedanken schnell eine Plus-Minus-Liste, die mir bei der schwierigen Entscheidung helfen soll.

Katharina – Korfu:
Was ist, wenn sie irgendwo einen eifersüchtigen Ehemann oder Liebhaber hat?
..., wenn sie gar nicht zu Hause ist?
..., wenn ich ihr auf Griechisch nicht erklären kann was ich von ihr möchte?
Aber ich könnte vielleicht mit ihr an der Spiridon-Bucht liegen und...?

Peloponnes:
Wo könnte ich mich sonst verwirklichen, wenn nicht hier?
Das Abenteuer, die Ferne, das Unbekannte lockt gewaltig!
Wozu ist der Rucksack so voll?

Ich denke jetzt ist alles klar! Der Peloponnes hat gewonnen! Statt eines Bieres an der Nautic-Bar des Hafengebäudes, gibt es eben eines an der Freiluftbar der Erotokritos.

Das Schiff legt ab. Beim Blick zurück präsentiert sich mir noch ein klassisches Fotomotiv. >Palaió Froúrio<, die alte Festung und >Neo Froúrio<, die neue Festung sind zwei der imposantesten Wahrzeichen der Stadt.

Nach ca. 30 km Wasserweg ist Igoumenitsa, genannt das Tor zum Festland, erreicht.

Meine allererste Griechenlandfahrt mit Zug und Schiff war 1984. Da gab es bereits einen unfreiwilligen Kontakt mit diesem sogenannten Tor. Geplant war ein Segeltörn im Ionischen Meer. 2 Skipper mit einer ganzen Menge an Tauchzeug und ich, starteten mit dem Zug von Salzburg, über Innsbruck und Bologna, nach Brindisi. Von hier fuhren wir mit der Fähre nach Korfu, unserem Ausgangspunkt des Segeltörns. Wir drei Schauer, im wahrsten Sinn des Wortes, hatten beim Anlegen in Korfu Augen und Mundklappen vor Staunen so weit offen, dass wir die ebenfalls geöffneten Schiffsklappen erst beim Schließen wahrnahmen. Zu spät. Wir mussten weiter nach Igoumenitsa, schlürften am Hafen einen Kaffee zum Aufwachen, um anschließend mit einem kleineren Schiff wieder zurück nach Korfu zu schippern.

Mit Hilfe der Landkarte kann man die sechs Ionischen Inseln im Westen Griechenlands recht einfach finden:

• Korfu
• Paxi
• Lefkas
• Kefallonia
• Ithaka
• Zakynthos
• Kithira (die siebte Ionische Insel im Süden des Peloponnes)

Sie alle, ausgenommen Kithira, sind ein wahres Segelparadies, keine zu wilden Winde, meist auch einfach anzulegen. Sie sind nicht weit vom Festland entfernt und trotzdem noch so großräumig, dass es sich so richtig ungeniert nackert auf den Decks der Boote sonnen lässt. Auch die Wanderer haben es mit der Freikörperkultur leicht. Versteckte Plätzchen gibt es jede Menge. Einige der Inseln sind auch sehr geschichtsträchtig. Man denke dabei an Korfu und an Sisi die große Kaiserin, an Odysseus, den Listenreichen auf Ithaka und an Lefkas, wo die Dichterin Sappho, die erste Lesbierin, der Sage nach durch einen Sprung vom Leukadischen Felsen, dem man die Kraft der Heilung von Liebesqualen zuschrieb, den Tod fand.

Die malerischen Farben des Festlandes rund um das Ionische Meer sind für Pinselkünstler ein Augenschmaus. Zartes Grün, welches übergeht in Dunkelgrün wenn Olivenbäume die Landschaft bestimmen. Die Früchte der Orangenbäume zieren das Bild mit orange-roten Farbtupfern, die Limonen Früchte mit leuchtendem Gelb. Eichen, Platanen, Tannen und die wunderschönen schlanken Zypressen haben auch ihren Platz in diesem göttlichen Gemälde. Bunte Felder mit Getreide oder Gemüse sieht man jedoch leider nur selten. Wie so oft ist auch hier die Jugend nicht mehr an der Landwirtschaft interessiert und wandert zum größten Teil nach Athen aus. Diese Stadt mit circa fünf Millionen Einwohnern weist die größte Smogbelastung Europas auf. Bei weiterem Interesse an diesen Themen empfehle ich das Buch:

„Im Zauber der griechischen Landschaft" von Nikos Kazantzakis. Auf der Umschlagseite steht geschrieben:

„Alles in Griechenland: Berge, Flüsse, Meere und Ebenen sprechen zum Menschen in einer fast menschlichen Sprache. Der Autor von Alexis Sorbas zog aus, um seine Heimat Griechenland kennenzulernen. Seine Entdeckungsfahrt führte ihn von Kreta über Sparta, Mistra, Mykene, Olympia, Athen und Knossos bis hin zum Heiligen Berg Athos.

Kultstätten, Tempel, Kunstwerke der Antike, traditionsreiche Städte und sagenumwobene Landschaften werden in dieser Pilgerreise mit der Kraft eines großen Dichters beschrieben".

PS: ER brauchte noch nicht über die Betonsünden seiner Landsleute schreiben.

Zur Landschaft gehört auch die Macchia. Ein Gestrüpp, das ganze Hänge und Berge überzieht. Dornige Büsche, die furchtbar stechen und kratzen können, besonders wenn so ehrgeizige Frauen wie Monika, die Fährenuntaugliche, in kurzen Hosen darin herumirren. Ithaka Süd, Ithaka Nord, egal, überall sticht es beim Wandern wenn kein langes Hoserl angezogen wurde. Und als ordentliche Draufgabe für unfolgsame Wanderer brennt das Ganze auch noch fürchterlich an den schönen Beinchen beim entspannenden Bad im Meer. Ein Highlight, das auch Kazantzakis noch nicht beschrieb: „SM in der griechischen Macchia".

Lefkada

Träumerisch blicke ich vom Schiff auf das Ionische Meer. Viele verschiedene Blautöne wechseln sich ab. Von dunkelblau bis beinahe schwarz, dann wieder azurblau. Manchmal kann ich die Regenbogenfarben über den Wellen sehen. Wenn Schiffe vorüberziehen ist auch der lange „Kondensstreifen" am Heck zur Meditation gut geeignet. Der Höhepunkt ist allerdings erst dann erreicht, wenn die Sonne darin glitzert und am späten Abend darin untergeht. Dann kommt ein romantisches Rosamunde Pilcher-Gefühl auf und mein Herz fängt zu brennen an, bei den vielen schönen Erinnerungen:

1984 beim Segeltörn, ausgehend von der Vlychon-Bucht, zunächst in eine Mitreisende verliebt und erstmals in die griechische Landschaft.

1988 die erste Tageswanderung ganz allein ins Inselinnere bei etwa 35 Grad Celsius, Mittagsschlaf unter Olivenbäumen, ohne Schlangen – dafür mit Zykadenorchester.

1990 das erste Mal „ohne" Badehose am Strand von Porto Katsiki hinter einem Felsen. Grund: Totale Überhitzung!

1997 erstmalig händchenhaltend mit der schönen Ute auf der Super-Fast-Fähre, bei Sonnenuntergang auf der Höhe des Leuchtturmes. Romantik pur bei der Heimfahrt vom Peloponnes.

Wir fahren circa 50 Kilometer relativ nahe der Insel Lefkada[1] entlang. Auch ohne Gucker erkennt man die raue, karge Schönheit, die auffallend helle Steilküste im Westen, von der die Insel ihren Namen hat. Lefkas = Die Weiße. Ein paar kleine Bergdörfer kleben hoch oben an den Hängen. Die schmalen Sandbänke erinnern an den Urlaub von 1990 und wecken natürlich auch Wünsche. Strand – Mann – Frau. Die Sonne auf allen möglichen und unmöglichen Stellen der Haut. Wanderer was willst du mehr! Die unmöglichen Stellen fallen natürlich unter Jugendverbot und sind nur in der Vor- und Nachsaison möglich, wenn keine Spanner, Neider und andere Neugierige herumrennen. Sollte sich doch plötzlich Publikum einstellen, schnell abdecken mit Taschentuch, Kappe oder besser noch mit eigenem Luxuskörper. Längs, quer oder sonst irgendwie drauf! Hauptsache schnell!

In einem griechischen Hochglanz-Werbeprospekt ist zu lesen: „*Lefkada - das unermessliche Blau ihrer Sehnsucht – ihrer Träume…*

Der größte Teil der Insel Lefkada ist bergig. Der höchste Gipfel Stavrota ist 1.182 m hoch. Von dem zentralen Bergmassiv reichen niedrigere Berge bis an die Küste, wo sie jäh in das Meer abfallen und steile Felsenufer bilden.

---

1) Lefkas, alt, Leukás, altgr.

Schmale Ebenen zwischen den Bergen in verschiedenen Höhen und die Täler in den Ebenen, von denen das größte das Tal von Vassiliki ist, machen das Landschaftsbild abwechslungsreich.
Westlich von Lefkada liegt der große tektonische Bruch des Ionischen Meeres. Er ist die Ursache, dass das Meer so tief ist und die Westküsten aller Ionischen Inseln steil abfallen.

Lainaki, Achlada, Sikero, Skaros, Megali Rachi und die Halbinsel Lefkata sind mächtige Felsenküsten mit einer Landschaft von außergewöhnlicher wilder Schönheit".

Die Erotokritos befindet sich jetzt auf halber Länge der Insel und der Weitwanderer kann schon nach dem Leuchtturm Ausschau halten, der am Ende von Lefkas Wache hält und seiner einzigen, durchaus wichtigen Aufgabe nachkommt zu leuchten. Orientierung gibt er auch den Rucksacktouristen und den Seglern. Die Surfer hier brauchen ihn nicht, denn die trauen sich aus der anschließenden Vassiliko-Bucht ohnehin nicht hinaus. Ist auch nicht nötig, denn diese Bucht ist nämlich so schön und windstark, dass sich ganze Scharen dieser windigen Typen darin gegenseitig über die Zehen fahren.

Leider geht auch Lefkas mal zu Ende. Schade, das Herz des Schreibers hängt wirklich dran.

Vorbei zieht die Fähre an den Inseln Atakos, Kalamos und an weiteren, kleineren Inselchen, welche schwer zu erkennen sind, denn sie verschwimmen für das Auge mit dem Festland. Wir nähern uns der geschichtsträchtigsten Insel: Ithaka. Auch sie vermischt sich, jedoch mit der größten Insel des Ionischen Meeres, Kefallonia. Zu diesen zwei Inseln, Ithaka und Kefallonia, gibt es endlose Geschichten von Göttern, Helden, Nymphen, bis hin zur Gegenwart, die für die Neo-Monopatin Monika berufliche Geschichte wurde. Doch trotz all ihrer Eroberungsversuche bleibt eines für immer bestehen:

Wohin du auch kommst – Odysseus war vor dir schon da.

Noch einmal wird es kurvig. Nein, nicht auf der Fähre, denn die Fast-Nackedeis sind gegen Abend schon wieder sittlich angezogen.

Die Fähre selber macht jetzt einen langgezogenen Bogen nach links, während man auf der gegenüberliegenden Seite noch Zakynthos erspähen kann. Gemächlich wird die Endstation Patras angesteuert.

Die Minoan-Lines fährt nun schon 38 Jahre die Strecke: Venedig – Patras, Patras – Venedig ... dazwischen Korfu und Igoumenitsa, das Tor zum Festland.

Am 25. Mai 1972 wurde Minoan gegründet. Die erste Fähre war die Minos.

Die Legende vom Minotaurus / König Minos

„Der griechischen Sage nach herrschte auf Kreta der als gerecht und weise bekannte König Minos. Der Meeresgott Poseidon sandte ihm als Zeichen seiner Königswürde einen Stier, den er aber nicht wie versprochen opferte. Durch die göttliche Rache verliebte sich Minos' Gemahlin Pasiphae in den Stier. Aus dieser Verbindung gebar sie den Minotaurus, ein Ungeheuer mit Menschengestalt und Stierkopf. Minos sperrte den gefährlichen Minotaurus in das von Dädalus gebaute Labyrinth ein. Fortan musste er ihm alle neun Jahre sieben Jungfrauen und sieben Jünglinge zum Fraß vorwerfen, die er als Tribut von den Athenern forderte. Von dieser Pflicht befreite der attische Königssohn Theseus das Volk: Mithilfe eines Garnknäuels, das er von Minos' Tochter Ariadne erhalten hatte, fand und besiegte er den Minotaurus und entkam aus dem Labyrinth."[1]

---

1) http://artikel.schuelerlexikon.de/Geschichte/Die_Legende_vom_Minotaurus_Koenig_Minos.htm

Die Spannung steigt. Rucksack, Tasche und aller andere Kram sind gepackt, fertig zum Aussteigen. Das zweite Mal bin ich nun am Peloponnes. Das erste Mal mit einer Truppe von 16 Leuten, jetzt nur als alleinsamer, nervöser Typ. Vielleicht wäre es doch gescheiter gewesen, noch zu Hause eine Friederike, Monika oder Ingrid von wegen Begleitung zu fragen? Blödsinn, so was einer normalen Frau anzutun, wäre wirklich unzumutbar, abgehoben und irre. Es reicht völlig, wenn „Einer" so verrückt ist, bei vorhersehbaren 40° Grad ein paar Wochen im griechischen Gelände herumzuirren. Nur um dann sagen zu können: „Toll war's, der Jakobsweg ist ein Lercherlschas[1] dagegen".

Zu meiner lockeren Bemerkung über den Jakobsweg noch ein kleiner Hinweis: In einem Film über „Die schönsten Pilgerfahrten", in dem auch Pilgerwege in Mexiko, Peru, Teneriffa und Andalusien beschrieben werden, heißt es so schön: „Wer pilgert, der betet mit den Füßen."

Die Lichter von Patras breiten sich aus und man sieht schon aus der Ferne die anmutsvoll erleuchtete Burg.

Mich beschäftigt aber jetzt nur die eine Frage, wohin um 22 Uhr? Wo kostengünstig und halbwegs waagrecht die Nacht verbringen? In der Nähe des Hafens steht ein Hotel. Ein bisschen groß zwar, mit acht Stockwerken, viel schwarzem Marmor und reichlich Gold und Chrom im Inneren. Ob das für einen Rucksacktouristen …..? Nein, doch nicht so recht! Die lächerlichen 95 Euro pro Nacht und pro Person scheinen mir auch etwas übertrieben.

„Poli akriva!" Das ist der erste Ausruf, den man unbedingt auf Griechisch lernen muss und heißt „viel zu teuer". Für mehrere Personen könnte es günstiger werden, meinte der freundliche Empfangschef dieser bescheidenen Hütte. Man(n) verzichtet dankend und versucht im Hafengebäude das große Glück. Vielleicht gibt es hier auch so ein rotes Sofa wie in Korfu. Tatsächlich, schon entdeckt mein Auge etwas Rotes, leider aber nur harte, unbequeme Plastiksessel. Es sind auch kaum Leute zu sehen und die wenigen schauen auch nicht gerade beruhigend aus. Wäre es nicht doch gescheiter, sich ein Hotel zu suchen? Aber mit dem Haufen Gepäck in der Nacht durch Patras irren? Nein! In der Nähe der Sessel befindet sich idealerweise auch ein Klo, das heißt, Wasser gibt es auch! Nach Erprobung und anschließender Beschlagnahmung dieser sehr gepflegten Einrichtung, fällt mir auf, dass in der Zwischenzeit die wenigen Leute ebenfalls verschwunden sind. Es ist fast Mitternacht.

---

1) Pupps einer Lerche

So ganz tapfer fühlt er sich nun nicht mehr, der einzige, dreckige, streng duftende Tourist. Kein Wunder bei diesen Temperaturen, es ist schließlich August. Vielleicht aber hält dieser scharfe Deo-Duft auch die Räuber ab.

Da ich mich für dieses fragwürdige Nachtquartier[2] entschieden habe, ist auch klar, eine Waffe muss her und dies in Form meines mitgenommenen, alten Waschschlegels mit Schleife. Alles Wertvolle muss versteckt oder sicher am Sesselgestell befestigt werden. Ein Nachtgebet ist heute ebenfalls wichtig oder besser gleich mehrere. Aber weder beten noch autogene Trainings helfen, keine Meditation bewirkt eine Beruhigung, geschweige denn einen Schlaf.

Der „Hirner" ist um Mitternacht auch nicht das Wahre, auch das griechische Vokabelbuch hilft nichts! Scheibenkleister! Es bleibt mir also nichts anderes übrig, als mich dem Schicksal zu fügen. „Endaxi!" Alles in Ordnung!

Es ist Sonntag der 19. August 2001, kurz nach Mitternacht.

Der erste weit-wanderbare Tag kann beginnen. Jede Stunde hört man von einer Kirchenglocke ein Bimmeln. Um zwei Uhr ginge noch ein Zug nach Diakofto. Aber um 3 Uhr früh dort ein Zimmer suchen oder das Zelt montieren? Blödsinn, Schwamm drüber!

Irgendwie geht auch diese Nacht vorüber und nach einem selbstgemachten, trockenen Frühstück geht es zum romantischen Bahnhof. Es ist sechs Uhr. Eigentlich könnte es hier um diese Zeit schon längst nach frischem Brot und Kaffee riechen, doch nichts dergleichen.

Zwei Anzeigetafeln an den Geleisen geben mir Orientierung. Rechts nach Athen, links nach Pirgos. Also rechts, aber eben nur bis Diakofto.

---

2) Patras hat seit einigen Jahren ein komplett neues Hafengebäude

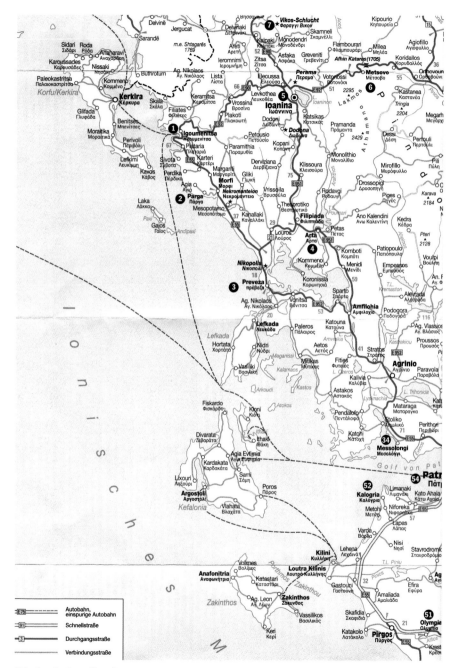

Die Ionischen Inseln.

Gipfel des Pantokrator.

Radtour nach Sidari.

Karousades – hier machte Ingrid schlapp.

Igoumenitsa.

Sidari.

Rotes Sofa mit Ingrid (Korfu) – leider gab es in Patras nur unbequeme Sessel.

Ithaka.

Monika auf Ithaka.

Patras Kathedrale Agios Andreas.

Rio Antirio Brücke - die Verbindung Peloponnes zum Festland.

Diakofto

07.06 Uhr. Abfahrt! Patras – Diakofto. Es ist wieder total sonnig, doch der Blick noch sehr trüb. Die Fahrt mit dieser einspurigen Bahn ist ein richtiges Erlebnis. Viele Kirchgänger, hauptsächlich Omas mit Enkeln, Touristen maximal ein Drittel so alt wie unsereiner mit riesigen Rucksäcken, Popen mit Familien und auffallend viele Italiener, bringt sie zum gewünschten Ziel.

Wenn man auf der linken Seite beim Waggonfenster hinausschaut, sieht man einen meist schmal verlaufenden Küstenstreifen mit dem angrenzenden Meer, dem „Golf von Patras". Die ausgeschlafenen Mitreisenden sehen darüber hinaus auch noch das griechische Festland. Auf der gegenüberliegenden Seite zeigt sich die original peloponnesische Landschaft. Karg, teilweise mit Oliven-, Orangen- und Zitronenbäumen und langsam sind auch die immer mehr an Höhe zunehmenden Berge zu sehen.

In Diakofto gibt es endlich Kaffee, aber leider keinen „elliniko", den traditionellen griechischen Kaffee, sondern einen ganz gemeinen, stinknormalen Nescafe. Schade, aber er schmeckt gut und ist vor allem jetzt notwendig für die weitere Orientierung. Postkarten, Bäckerei und Kirche, es ist ja Sonntag, werden noch gebraucht. In der Kirche darf man als Mann nur in der rechten Bankreihe Platz nehmen. Das weiß ich, seit mich in Andros ein Pope wegen linksseitiger Andacht total zusammenstauchte. Vor allen Besuchern, mitten im Gottesdienst! Dieser etwas überdogmatische, ältere Patriarch hatte damit seit Jahren wieder einmal das beste Erfolgserlebnis. Immerhin, bei einem Massenbesuch von mindestens zehn Leuten, es zu wagen, einen ahnungslosen Touristen von links, vier Meter nach rechts zu befehlen. Erst nach etwa 20 Minuten nahm sein zorngerötetes Gesicht wieder eine normale Farbe an. Aber sicher hat er mich dadurch von der Todsünde abgehalten, während des ganzen Gottesdienstes auf der linken Frauenseite zu sitzen. Ich verzichtete aber dann trotzdem darauf, eine Bußkerze zu entzünden, ebenso auf sein geweihtes Psomi als Nachspeise.

Der Weitwanderweg E4 GR

Ela, ela, ade pame, es geht los!

10.28 Uhr, 33° im Schatten. In der linken Hand das Sackerl mit dem Obst, der Jause und dem Wasser. In der rechten Hand: Wanderführer, Landkarte, Faltprospekt, Schweißtuch, WC-Papier, Wörterbuch. Um den Bauch das Wimmerl mit Besteck, 17er Schlüssel, Reservebänder, Geldbörserl, Pass, Sonnencreme. Am Hals hängen logischerweise der Fotoapparat und der Zuwizara[1]. Der Rucksack ist jetzt eineinhalb Kilo leichter, weil nun das lange Beinkleid wegen der Schlangen artig übergezogen wird. Er ist eigentlich fast leer. Nur mehr fünf Ruderleiberl, drei Hemden, dicker Pullover, Regenschutz, Anorak, Sandalen, Waschzeug, Reserveessen, ein Buch, Isomatte, Badezeug, Handtücher, kurzes Hoserl für innen und außen, Notapotheke. Ganz wichtig das Green-Book – mein Notizheft, Kopfpolster und ein alter Waschschlegel zur Verteidigung gegen Schlangen, wilde Hunde und sonstigem Unvorhergesehenen. Letzterer natürlich griffbereit am rechten Handgelenk eingehängt. Dann noch eine Thermoskanne und eine Alu-Dose im A4 Format, vollgepfropft mit Überlebensmittel wie Dörrobst, Miso, Brausetabletten, Haferflocken und ähnlichem.

„500 Meter den Fluss entlang", schreibt der Herr Hirner aus meinem Wanderführer. *„Danach geht es auf den Schienen der Zahnradbahn weiter."* Also folgt der Tourist brav den Anweisungen, wird aber wegen des Rinnsals etwas unsicher. Soll das der Fluss sein, gleichnamig wie die Schlucht Vouraikos? Da schlürften wohl täglich tausende Typen wie unsereiner aus diesem köstlichen Nass, wenn am Ende nur mehr dieses flache Wässerchen übrig bleibt.

Aber was glitzert da im Bächlein? Das könnten Glücks-Münzen sein. Na dann mal schnell hinunter! Doch was fliegt da plötzlich hinterrücks daher? Es ist das Kapperl. Es landet blitzartig im Bach. Gleich darauf aber rutscht ebenso schnell etwas Großes über die jetzt entblößte Birne[2] des Wanderers. Es ist der Rucksack und dieser nimmt im Schwung auch noch den dazugehörigen Träger mit. Gerade noch im letzten Moment, vor einem ungewollten, ersten sonntäglichen Bad, gelingt die Bremse. Irgendwie. Das ist einsamer Rekord! Der europäische Fernwanderer und ökologische-Rucksacktourist auf allen Vieren am Bachrand robbend, nach erst zehnminütiger Wanderung. Sieht verdammt blöde aus. Wie wird das erst im steilen Gelände werden, den Abgrund vor Augen? Gottseidank hat es niemand gesehen. Schnell wird das Kapperl aus dem Bach geholt und ein Kreuzerl gemacht. Nein, drei gleich, wir sind ja in Griechenland.

---

1) Gucker
2) Kopf

Wäre hier etwas schiefgelaufen, hätte die Überschrift auf dem Titelblatt der Kronen-Zeitung gelautet:

„Einsamer Wanderer in griechischem Rinnsal ersoffen."

Zur Erläuterung und um daraus etwas zu lernen, folgt auf Seite der lokalen Nachrichten auch gleich die Fehlerbeschreibung:

1. Gewicht des Rucksackes im Verhältnis zum Träger eindeutig zu schwer;

2. Rucksack beim Bücken und beim Versuch direkt aus dem Bach zu trinken nicht abgenommen;

3. Folglich Sturz vornüber;

4. Ohne fremde Hilfe war Rettung unmöglich;

Aber was machen schon so kleine Vorfälle. Gleich am Anfang als Warnung gesehen, sind sie ganz nützlich. Weiter geht es. Die schmalspurigen Geleise der Zahnradbahn sind schon in Sichtweite. Die Bahn selber jedoch noch nicht, auch nicht ihre Zähne. Die kommen erst, wenn es steil wird. Kommt möglicherweise daher der Ausdruck „Steiler Zahn"? In meinem Wanderführer ist eine Zahnstange abgebildet. Man könnte diese sogar als Zahnspange bezeichnen, denn sie ist zwischen den Geleisen montiert, damit sich die Lok darin gewissermaßen festklammern kann. Ähnlich unserer Zahnradbahn hinauf auf den Schafberg.

Das Gelände steigt jetzt ziemlich parallel mit der Tagestemperatur an. Langsam wird auch alles enger. Nicht nur das verschwitzte Leiberl am luxuriösen Körper, sondern auch das Tal. Es wird tatsächlich allmählich zur Schlucht. Den Wanderer schlaucht es derweil schon ganz ordentlich. Die Pausen werden immer mehr und länger, der Wasservorrat dementsprechend weniger.

Obgleich, ich bin beeindruckt von der stetig sich verändernden Landschaft. Steinig und felsig - der Fluss der sich zwischendurch immer wieder mal versteckt, ist in seiner zunehmenden Stärke nun auch gut zu hören. Ziemlich tief unten liegt er bereits, einem richtigen Gebirgsbach entsprechend. Der Platz seitlich der Geleise wird immer enger und enger, sodass es meist praktischer ist dazwischen zu gehen. Balanceakte auf den Schienen oder auf der Zahnstange werden nicht riskiert. Wozu auch, so ganz ohne Publikum. Die Wände links und rechts von mir haben schon Kirchturmhöhe erreicht. Dadurch wird auch das, jetzt von unten kommende, dumpfe Geräusch fast echoartig verstärkt. Immer lauter und ganz im Takt wird das Klopfen. Die Spannung steigt! Ganz beseelt fixiere ich die Kurve, aus der sie hervorkommen muss. Endlich! Diese Erscheinung, so romantisch und wunderschön, wie sie da aus den Bäumen und dem Felsen heraus auftaucht, blau-grau gestrichen, in vollkommener Harmonie mit der Landschaft, der Schlucht und darüber hinaus der paradiesisch blaue Himmel. Als dann auch noch ein munterer Haufen Kinder aus dem ratternden Zug winkt, bekommt der staunende Austrianer seinen zweiten Gemütsausbruch.

Er muss außer dem Schweiß auch noch ein paar andere Tropfen in sein Schneuztuch wischen. Es war die erste Begegnung mit der mehr als 100 Jahre alten, nunmehr dieselbetriebenen Zahnradbahn auf dem Peloponnes. Die Bahnstrecke wurde in den Jahren 1889 bis 1896 gebaut. Sie wurde am 10. März 1896 eröffnet. Sie fährt vom Küstenstädtchen Diakofto in das cirka 700 m hoch gelegene Kalavrita. 25 km entlang der wildromantischen Vouraikos-Schlucht, über Stahl-brücken, 20 m darunter das rauschende Flüsschen, durch viele dunkle Tunnels, die manchem Wanderer das Fürchten lehren. In Kalavrita ist auch die Endstation der Zahnradbahn. Seit Juni 2009, nach langer Renovierungszeit, fährt die Bahn mit ihren neueren komfortableren Waggons.

Dazwischen, etwa in der Hälfte der Strecke befindet sich der kleine Ort Zachlorou. Gleich daneben die Bahn-Station, benannt nach dem gleichnamigen Kloster Mega Spileon, das circa zwei Kilometer weiter aufwärts thront. Es liegt an der Straße, die ebenfalls von der Küste herauf nach Kalavrita führt. Ein über tausendjähriges Kloster in grandioser Landschaft.

Die Legende von Mega Spileon

„*Die Legende erzählt von den Mönchen Symeon und Theodoros, die von der Hirtin Euphrosyne in eine Drachenhöhle geleitet wurden, wo sie eine vom Apostel Lukas gemalte Marienikone fanden. Mega Spileon heißt ›Große Höhle‹ und um diese Höhle entstand seit 840 das Kloster und Wallfahrtsziel, mit Besitzungen in Thessaloniki, in Konstantinopel und Smyrna (heute Izmir). Die wundertätige Ikone hat alle Feuersbrünste, die den Ort im Laufe der Zeit heimsuchten (1400, 1640, 1934), und auch die Zerstörung des Klosters durch deutsche Truppen 1943 überdauert.*

Unter die mächtige Bergwand duckt sich heute wieder klein das achtstöckige Kloster, andere Mönche wohnen wie Vögel in Höhlen, die nur über Leitern und Stege zugänglich sind. Das in kargen Jahren wieder aufgebaute Klostergebäude ist äußerlich sehr nüchtern anzusehen, von bizarrer Fantastik zeigt sich jedoch die halbdunkle Höhle im Inneren, mit rauschendem Quell und der mit schlichten Figuren nachgestellten Auffindung der Marienikone.[1]

Noch ist Mega Spileon nicht erreicht. Vorerst heißt es, sich Zeit nehmen für die Mittagsrast. Aber drei Stunden, wie hier üblich, werden wohl nicht möglich sein. Der Weg ist das Ziel und nicht der Rastplatz, auch wenn er noch so dringend gebraucht wird. Etwas abseits der Bahnstrecke in der Nähe des Baches scheint es mir zu behagen. Ein kleiner schmaler Weg führt zu einem kreisförmigen Platz von circa zehn Meter Durchmesser, darin mittig ein Baum. Der Schreck geht mir bis in die Knochen, als ich da ankam. An einem großen, fast waagrechten Ast hängen lauter Stricke. Nicht normale, sondern alle mit geöffneten Knoten daran. Werden da die abwegigen Touristen abgemurkst oder doch nur Ziegen ins Jenseits befördert? Egal! Raus aus den nassen Klamotten. Die Knoten werden zum Trocknen der Textilien missbraucht. Isomatte und Rucksack dienen als großartiges Ruhelager und nach kurzer Zeit rührt sich nichts mehr bei dem Austrianer. Nach dem erquickenden Schlaf kommt noch eine gesunde Mahlzeit, der letzte Rest von zu Hause. Logisch, dass auch noch alle leeren Behälter mit dem köstlichen Nass des Bächleins vollgefüllt werden. Der Bedarf ist schließlich enorm.

Der alte Waschschlegel hat seinen zweiten Bereitschaftsdienst ohne besondere Vorfälle gut überstanden. Keine Schlange, kein Raubtier war da, außer im Schlaf vielleicht. Spuren sind jedenfalls keine zu sehen. Also hinein in die Kleidung und

---

1) Der Text stammt aus dem ADAC Reiseführer Peloponnes von Edda Neumann-Adrian, Michael Neumann-Adrian

hinauf geht es zur Zwischenstation Mega Spilion – Zachlorou.

Spannend ist jedes Mal das Aufladen des Rucksackes. Irgendetwas ächzt immer. Eher rechtsseitig fällt mir auf. Vielleicht auch nur deshalb, weil das linke Ohr gehörmässig schon etwas angeschlagen ist.

Jedenfalls kommt das Ächzen vom Rucksack und nicht vom Touristen! War das denn ein Fehlkauf? Der Rucksack von „Öbelix" und kostete fast nix. Wo er doch so schön ist. Hoffentlich rächt sich der billige Einkauf nicht. Also beidseitig und gleichzeitig anheben, das muss die Lösung sein, um die Gurte nicht zu überlasten. Leichter gesagt als getan, denn nicht immer ist eine erhöhte Startrampe zu finden.

Es geht wieder den Geleisen entlang. Die kleinen Tunnels werden mehr. Ist ja logisch in dem steilen Gelände. Auch die Brücken mehren sich. Nicht schwindelfreie Typen sollten besser die schöne neue Bahn benutzen, von dort geht der Blick nicht so tief und direkt in die Schlucht. Was dadurch jedoch verpasst wird, kann sich wahrscheinlich jeder vorstellen. Für Nachahmer des Weges wäre ein Kompromiss anzuraten: Den Rucksack mit der Bahn hochschicken und selber mit leichtem Gepäck hinterher.

Bisher hat man bei den Tunnels immer gleich das Ende gesehen, das sogenannte „Licht am Ende …". Nun bin ich in einem, der extrem eng und kurvig ist und selbst nach geschätzten fünf bis acht Metern nichts als Finsternis bringt. Ich erinnere mich an meinen Hirner, der schreibt: „horchen"! „Horch was kommt von draußen rein, …!" Also horche ich! Kommt sie? Wann kommt sie? Wie schnell kommt sie? Kommt sie rauf oder kommt sie runter? Eine Entscheidungsanalyse wie in meiner Firma. Wenn hier auch nicht gerade praktisch, denn man hat so gar keinen einzigen Rettungsast zur Verfügung. Nichts riskieren ist mein oberster Vorsatz. Niemand ist da, von wegen Imponiergehabe. Also wieder retour! Ich erinnere mich an eine Abzweigung nach links, circa zwanzig Meter vor dem finsteren Loch.

Geht vielleicht da entlang der richtige Weg? Nein! Oder doch? Ein Blick aus der Nähe lässt sogar den Göll-Kletterer erschaudern. Da geht es fast senkrecht die Schlucht hinab. Das Geländer fängt erst zwei Meter nach dem Abgrund an, der „Gehweg" ist maximal 15 cm breit, zwischen Gehweg und Geländer sind nochmals 15 cm, diese sind nach unten hin offen. Ein einziger Ausrutscher und mindestens einige der Körperteile zappeln hilflos über der Schlucht. Womöglich so lange, bis die Geier dem Häuflein den Garaus machen. Trotz ungeheurem Dosengang, also Heidenangst, werden ein paar Meter versucht, jedoch aussichtslos. Mit schlotternden Knien sollte man keinesfalls eine 20 m lange luftige Brücke überqueren, die eine ebenso tiefe Schlucht überspannt.

Es wäre wieder einmal ein gefundenes Fressen für die Presse geworden.

Diesmal würden sogar die seriösen Salzburger Nachrichten darüber berichten:

Variante 1: *Verzweifelter Salzburger Rucksacktourist, 60 plus, hängt hilflos zwanzig Meter über der Vouraikos-Schlucht, bis sich endlich die Geier seiner erbarmten.*

Variante 2: *Die Geier waren wieder mal schneller als die griechischen Behörden! Salzburger Rucksacktourist schaffte vom Weitwanderweg keine fünf Kilometer. Ursache war ein Ausrutscher in der Vouraikos-Schlucht, der den Geiern eine leichte, jedoch relativ karge Beute ermöglichte.*

Nochmals zurück, ganz vorsichtig, nicht zu viel Schwung. Schließlich ist mir noch in Erinnerung, dass große Rucksäcke gewaltige Fliehkräfte entwickeln können. Das nächste Stoßgebet gegen den Himmel ist fällig und dann wieder nach rechts, hinein ins dunkle Loch. Zum vorerst besseren Kennenlernen diesmal ohne Rucksack. So läuft es sich in der Not besser.

Im Wimmerl finde ich ein Feuerzeug, eine komfortable Tunnelbeleuchtung. Meine Taschenlampe befindet sich, nicht sehr klug verwahrt, im untersten Bereich meines Rucksackes und ich habe keine Lust, all das Zeugs hier auszubreiten.

Der Tunnel zeigt sich grob durchgehackt und sehr schmal. Waren beim Bau vor ~ 110 Jahren die Griechen noch alle dünner? Wie auch immer, die Außenbahn der Kurve ist etwas breiter und hoffentlich bleibt es auch so den ganzen Tunnel. Einige Spurwechsel da drinnen könnten sich fatal auswirken. Nach drei Kurven schließlich das Licht. Jetzt Ohren und Augen weit auf und abschätzen, ob diese Strecke samt Gepäck schnell genug zu durchlaufen ist, bevor die Bahn kommt. Es geht sich aus, die Erleichterung ist groß.

Zachlorou

Das Kloster Mega Spilion ist bereits zu erkennen, die Landschaft immer noch faszinierend und ich mache eine letzte kurze Rast. Vor dem Weitergehen erfolgt die übliche Rucksackprozedur. Startrampe suchen, die Knie leicht beugen, beide Arme nach hinten, diese dann in die Träger des Rucksackes schieben und nach einem leichten, gleichmäßigen „ho ruck" steht man in der Wanderposition. Oh Gott, was hat jetzt so gekracht? War es der Träger des Rucksackes oder der Hosenboden? Ein Halteband war gerissen. Provisorisch verknotet wird alles zum Ort geschleppt und eine Näherin gesucht. Es sitzen ohnehin so viele ältere Frauen vor ihren Häusern, die, trotz Feierabend, solche Flickereien machen könnten. Der Wille war schon da, nur die Nadeln samt Zwirn wollten nicht in das Halteband. Mit Hilfe eines isolierten Drahtes gelang dann die Reparatur in Eigenregie. Nicht schön, aber gut. Es hielt den ganzen Urlaub lang. Das anschließende Bier in der Taverne hatte eine erstaunliche Fließgeschwindigkeit, ähnlich dem Vouraikos-Fluss bei schmalen Stellen. Das Haupt des Wanderers neigt sich schon verdächtig weit nach vorne an diesem ersten Weitwandertag. Gleich schläft er am Tisch ein. Eines wird ihm heute schon total klar, der gewünschte Prophet Illias ist in zwei Wochen unerreichbar, selbst wenn die Hindernisse abnehmen. Bei diesem Tempo und diesen Temperaturen ist es nicht einmal bis Tripolis zu schaffen.

„Den pirasi" heißt auf Griechisch so viel wie „macht nichts"! Tripolis ist annähernd in der Mitte der Peloponnes und der Profitis Ilias sitzt noch weiter unten. Könnte er mir nur ein bisschen entgegenkommen und mir die Zeit vertreiben, in dem er mir etwas von früheren Zeiten erzählt. Angefangen mit den Prophezeiungen, die schon eingetroffen sind oder mit welchen Typen er es damals zu tun hatte und besonders würde mich interessieren, wie die neugierigen Touristen früher unterwegs waren? Hoffentlich nicht alle so wie Alexander der Große, der statt Wanderhose und Rucksack, eine eiserne Rüstungsmontur anhatte und klirrendes Säbelzeug herumschleppte. Und das mehr als zehn Jahre lang. Warum konnte er es nicht so machen wie Odysseus? Hätte dieser Alexander damals eine so fesche Monopatin wie Monika getroffen, wären sofort alle Waffen im Mittelmeer versenkt worden und er wäre ihr willenlos nach Ithaka gefolgt und hätte vielleicht einige Lustbarkeiten mit ihr erleben dürfen.

Eine gemischte Männerrunde hat sich am Tisch des ausländischen Wanderers eingefunden. Einer davon redet sogar ganz gut österreichisch. In Tirol hat er Schi fahren gelernt, sagt er. Auch das Wandern macht ihm Spaß und außerdem hat er studiert, wie man Wanderwege markiert. Man höre und staune was man so alles in Österreich lernen kann.

Er zeigt mir auch sofort, wie man von hier aus ins Helmos-Gebirge kommt. Zuerst fahren wir natürlich mit dem Auto vom Ort hinaus, denn 500 Meter zu Fuß kann er seinem Tischkumpel doch nicht zumuten. Zwei- bis dreifärbige Wandertafeln werden mir nun voller Stolz präsentiert, dann drehen wir wieder um. Es ist schließlich Feierabend.

Jetzt wird es Zeit, mit den erlernten Texten von Friederike hausieren zu gehen: „Thelo kataskino, ine en daxi?" „Darf ich hier zelten?" Beim Weg durch den Ort finde ich keinen geeigneten Zeltplatz. Alles zu hart. Jedoch direkt am Ortsanfang, gleich beim ersten Haus, da sieht es schon besser aus. Der Besitzer pflegt gerade seine Gstettn[1]. Sollte daraus heuer noch ein Garten werden? Daneben, außerhalb seines Zaunes da ist es „en daxi". Der Platz schaut gut aus und ist auch groß genug für mein bescheidenes Einmannzelt. Zwei Seiten des Zeltes sind geschützt durch einen mit Sträuchern bewachsenen Hang, an der dritten laufen die Schienen der Zahnradbahn vorbei und die vierte Seite, wo sich der Eingang befindet, ist offen. Dieser wird zur Not mit dem mitgenommenen Waschschlegel verteidigt. Der erste Zeltaufbau auf griechischem Boden beginnt. Ein historischer Augenblick. Der Boden ist mäßig hart. Bei den ersten Hammerschlägen für die Zeltspanner hätte ich eigentlich sofort die Archäologen erwartet. In Griechenland haben nämlich diese „Schaufler" bekanntlich Vorrang vor allem. Hätte ich diese Grabung bei der nächsten Behörde melden müssen? Jede Hundehütte ist hier meldepflichtig.

Ob diese erste Nacht wohl ruhig wird? Vor allem viele Stunden einfach mal durchschlafen wäre gefragt!

Alle Reißverschlüsse des Zeltes sind zu. Wasserflasche, Taschenlampe und Waschschlegel liegen rechtsseitig griffbereit. Links für alle Fälle ein Klopapier.

Es ist 21 Uhr und noch sehr warm. Ein Unterhoserl ist alles, womit der saumüde Wanderer noch bekleidet ist. Dann kommt schnell das Traummännchen. Schade, Traumweibchen wäre mir lieber gewesen. Endlich! Der verdiente Schlaf! Theoretisch hätte es so sein können, die Praxis hat mir anderes gelehrt. Bitte, wer erwartet schon am Peloponnes, im August, den Besuch der Eiskönigin! Ich fühle um mich herum überall nur Kälte. Es ist 23 Uhr. Wie gibt's denn so was? Zwei Stunden vorher war es im Zelt noch so schön warm. Nur keine Panik! Irgendwo liegt schon was herum. Das Hemd hängt draußen beim Trocknen. Im Kopfbereich liegt das Leiberl, wo es beim Ausziehen gelandet ist. Das ist schon mal gut. Der gelbe Kapuzenpulli ist auch schnell gefunden. So müsste es passen! Noch mehr wird sicher zu viel, wie schon gesagt, am Peloponnes, im August. Also schnell wieder Lampe aus und auf die Seite gerollt. Es klappt. Scheibe, wieder nur für kurze zwei Stunden, dann genau derselbe Käse noch einmal.

---

1) Gstettn (österreichisch) = Pflanzengesellschaften, die wild auf ungenutztem Land wachsen

In Lefkas und in Kefallonia langten um diese nächtliche Zeit ein dünnes weißes Leinentuch und das auch nur wegen der stechenden Plagegeister. Darunter war der Mensch wie Gott ihn geschaffen hat, nämlich nackt. Jetzt müssen das lange Beinkleid her, noch ein Pullover und der Anorak für alle Fälle. Ich finde auch noch wollene Stutzen, obwohl…, ja obwohl ich schön langsam auch an meinem psychischen Zustand zweifle. Wenn doch nur das ersehnte Traumweibchen hier wäre. Sie müsste mit einer höflichen Anfrage bezüglich körperlicher Zudeckung rechnen. Oder mit dem Versuch des Frierenden, sich unauffällig unter die molligen Formen zu schieben. Die Realität schaut dagegen sehr bescheiden aus. Wie hieß doch schnell meine Beraterin von der Königssee-Ache, welche meinte, einen Schlafsack bräuchte man nicht! Friederike! Der heilige Zorn soll sie treffen!

Diesmal dauert es wieder nur zwei Stunden. Im Rucksack sind dann noch die restlichen Leiberl, die Hemden, Unterhosen und Socken. Drei Uhr, fünf Uhr, sieben Uhr! Alle 2 Stunden ein paar Stücke mehr. Zu guter Letzt könnte man dann noch in den leeren Rucksack schlüpfen.

Es ist Montag der 20. August, 8 Uhr, Sonnenschein. Die kalte Nacht und der Gram gegen Friederike sind vergessen. Die Freude auf den Tag überwiegt. Ein Glas Wasser zum Trinken, eines zum Waschen und eines zum Zähneputzen. Zelt abbauen, Kleidung einpacken, rundherum Ordnung machen. Der freundliche Grieche schläft noch, so kann ich mich leider nicht mehr verabschieden und bedanken. Nochmal ein letzter Blick zurück. Habe ich den Platz auch wirklich ordentlich verlassen oder doch nicht so ganz? Da schaut doch etwas aus der Erde heraus. Ein Ast, ein Stein, oder Abfall? Nichts von alledem, etwas Schraubenförmiges schaut ein paar Zentimeter aus dem Boden heraus. Gäbe es eine griechische „Bild" Zeitung wäre auf erster Seite zu lesen:

- *Sensationsfund bei Mega Spilion*
- *Österreichischer Tourist narrt die gesamte griechische Archäologie*
- *2600 Jahre alte Bronzeschraube am Peloponnes gefunden.*
- *Als Tourist getarnt, in nur einer Nacht Sensationsschraube ergraben.*

Doch der schwere Fund entpuppt sich als schlichte 15 cm lange Schraube mit einem Durchmesser von 2,5 cm. Am Ende hat sie einen normalen Sechskantkopf. Es war leicht zu erraten. Das Ding gehört zur Schwelle der daneben fahrenden Zahnradbahn. Ab sofort gehört es dem Finder und verschwindet blitzartig als Souvenir in der Rucksacktasche. Zu Hause wird dann damit angegeben, einem Eisenbahn-Pensionisten gezeigt und schließlich als Geschenk dem Chef der „Taverne zum Griechen" in Elixhausen überlassen.

Der Weg ist das Ziel. Mein nächstes Ziel ist das Kloster Mega Spileon. Dazu muss man nach der kleinen, gleichnamigen Ansiedlung die Bahnstrecke nach links verlassen und folgt einige Kilometer einen guten Weg mit teilweise kurzen, steilen Stücken. Dazwischen wird man immer wieder mit hervorragenden Aussichten belohnt. Kurz vor dem Kloster sieht man sogar bis nach Kalavrita hinauf. Auch diesmal mache ich kurz vor dem Ziel noch eine kleine Rast. Nach einem großen Schluck Wasser und wenn der Schweiß von den triefendsten Stellen gewischt ist, kann die Landschaft richtig genossen werden. Die Schönheit zu beschreiben, ist nahezu unmöglich. Soweit das Auge reicht, scheint mir die Natur fast unberührt zu sein.

Ob das Kloster Mega Spileon auch so eines ist, in dem man keine Blöße zeigen darf? Unsereiner hat ja damit kein Problem bei dieser schlangensicheren Verpackung. Ganz im Gegenteil, so ein längeres Beinkleid und hohe Kniestrümpfe könnten leihweise gerne gegen Schweiß- und Bußgeld abgegeben werden. Hauptsächlich waren es immer die Frauen, die ihre Reize abzudecken hatten. Besonders die oberen Bein- und Armhälften sowie das Dekolleté, auf dass selbiger Anblick die Sinne der Mönche nicht verwirre.

Der letzte steile Hang zur Mega Spileon ist genommen. Dann, auf der Kuppe, folgt der wirklich große Schreck beim Anblick dieses Hotelklotzes. Vor kurzem noch die Hymne auf die Landschaft gesungen und jetzt das! Der zweite Eindruck beim Näherkommen erinnert an den Film: „Der Name der Rose", von Umberto Eco. Viele dunkle Kutten schreiten langsam am Kloster entlang. Bei noch genauerem Hinsehen stelle ich fest, da sind ja auch Nonnen eingewickelt. Jede Wette, dass alle bei dieser Hitze unter ihren langen Kitteln keine hemmenden Dessous mehr tragen.

Bei dieser gemischten Kolonne und dieser Hitze können solche Gedanken schon vorkommen. Den frommen Schwestern und Brüdern dann auch noch unschamhaftere Dinge zuzutrauen, wäre unfair, unlogisch nicht, denn es sind verdammt fesche Klosterbrüder darunter. Jetzt ist es dem Weitwanderer endlich klar geworden, das muss ein himmlischer Betriebsausflug sein. Von einem Kloster zum anderen. Da wird sogar der vielfache Kirchgänger aus Austria noch neugierig. Aber vorerst gibt es nochmal eine kleine Stärkung in Form von Feigen, die ein paar touristische Kolleginnen dem Weitwanderer anbieten. Hallo, hallo, mein Freund! Nicht schon wieder wollüstige Gedanken. Das müssen wohl diese 40 Grad Hitze sein! Es sind ganz echte, reife, fruchtig-saftig-rosafarbene, genussvolle Früchte und schmecken honigsüß.

Doch nun hinein in das kühle Innere des Klosters, weg mit den verworrenen Gedanken und hin zu sakralen Betrachtungen. Schauräume, voll mit Ikonen, Kelchen und vielerlei Kleinkunst. Ebenso wertvolle Kleidungsstücke, Wandbehänge und Tongefäße in allen Größen.

Im Rucksack hätten noch einige letztgenannte Krüge Platz, eingewickelt in Teppiche und angefüllt mit Rosenkränzen bzw. Kombolois, um die Räume gut zu nutzen.

„Als Komboloi oder Koboloi bezeichnet man in Griechenland kleine Kettchen aus Perlen, die auf Leder- oder Synthetikfäden aufgereiht sind. Je nach Ausführung bestehen die Perlen aus Holz, Plastik, Metall, Glas oder Bernstein, aber auch aus Mineralien wie etwa Türkis. Die Kettchen sind ein Spielzeug, ein Zeitvertreib und gelegentlich auch eine Meditationshilfe der Männer; sie dienen als Glücksbringer, „Sorgenperlen" oder in größeren Ausführungen auch einfach als Wanddekoration. Die Glücksymbolik leitet sich aus dem Knoten ab, durch den das Kettchen zusammengehalten wird: Dieser ist ein altes Glückssymbol." [1]

Wo ist der Verkäufer: „Thelo na plirosso – poli akriwa", wozu habe ich denn diese Sätze so ausführlich studiert?

An den Wänden hängen Bilder von Mönchen und Popen, eine wahre Ahnengalerie. Sie dürften alle hier gelebt haben. Jedoch sind keine Frauen oder Nonnen zu sehen, wieso eigentlich? Popen dürfen ja heiraten, und wie ist das bei den Mönchen? Da schaut es nach Bildungslücke aus. „Den pirasi!"

Weitere interessante Details beim Weitergehen zeigen sich in der baulichen Konstruktion. Das Kloster ist an den Felsen gebaut. Diese Wand ragt noch cirka 150 Meter über die Designer-Hütte, „signome", hinaus. Man hat sich dadurch einfach die Rückwand beim Bau erspart.

Zu guter Letzt kommen noch die unvermeidlichen Totenköpfe. Hoffentlich nicht von Weitwanderern, die zu langsam waren und vor Wintereinbruch nicht mehr aus dieser Schlucht herauskamen. Da sollte ich mich wohl beeilen, ist ja schließlich bereits über Mitte August und die Nächte sind jetzt schon so kalt! Ich erfahre von einem Besucher, dass im Kloster auch übernachtet werden kann. Gut zu wissen. Wenn sich allerdings die Preise des Übernachtens nach der Größe des Baues richten, entständen annähernde Kosten wie in Patras. „Ochi, poli akriwa!"

Mein Besuch ist beendet und das unvermeidliche, zusammenlegbare Faltprospekt von Mega Spilion wird noch erworben. Schön bebildert mit ein paar Texten dazu, das schont zu Hause beim Lichtbildervortrag ein wenig das Mundwerk, das mit Hilfe eines oder mehrerer Ouzos ohnehin zu viel zum Einsatz kommt.

---

1) http://de.wikipedia.org/wiki/Komboloi

Wieder draußen, lockt in der Nähe noch ein Ringlotten-Baum. Genau wie zu Hause im Garten denke ich mir. Ein Stück weiter oben nochmals Feigen und hier weist ein Schild zu einem etwa 300 m höher gelegenen Aussichtspunkt. Der herrliche Rundblick verursacht wohltuende Gänsehaut. Die Felslandschaft, die Zahnradbahn, in der Ferne Kalavrita schon gut erkennbar, ein kleines Stück vom Berg Helmos, der Himmel wieder klar und blau. Wenn auch die Tatsache, dass hier von dieser Plattform aus im Krieg die Mönche in die Tiefe gestoßen wurden, mir eine Gänsehaut des Grauens zum Vorschein kommen lässt.

Diese Anhöhe besitzt natürlich auch die Eigenschaft Besucher anzuziehen, beziehungsweise neugierig zu machen. Umso besser, dass der himmlische Betriebsausflug nicht hinauf will. So bleibt dem Kraxler aus Österreich genug Platz.

Für die weitere Wanderrichtung dem Berggipfel zu sorgt ein Taferl mit Pfeil, wie zu Hause und darauf steht „Helmos". Noch dazu in lateinischen Buchstaben geschrieben. Griechisch wäre ohnehin sinnlos, denn mit solch einem steilen Pfad wie hier können die griechischen Brüder und Schwestern ohnehin nichts anfangen. Auch dem Angeber aus Österreich wird es zu steil und der Rucksack zu schwer, die Hitze zu groß und der Proviant zu wenig. Folglich dreht er ab und sucht diesmal sein Heil auf der Asphaltstraße nach Kalavrita. Selbstverständlich kommt das einem Sakrileg gleich. Signome lieber Pantokrator! Zu weit entfernt ist Kalavrita, um den Weg von der Bahn-Zwischenstation wieder aufzunehmen. Vor allem so steil bergab, dass womöglich der Rucksack wieder ein paar Mal über das kahle Haupt geflogen kommt. Er grämt sich fürchterlich bei dem Gedanken, die zweite Hälfte der Schlucht und somit auch die Bahnstrecke zu versäumen. Wie man es auch dreht und wendet, es kann sich mit der Zeit nicht ausgehen. Zelten in der Vouraikos-Schlucht könnte zwar sehr romantisch, aber wahrscheinlich auf Grund der Nachttemperaturen der Gesundheit nicht übertrieben förderlich sein. Später einmal wirst du alles nachholen, sage ich mir.

Zurück zu den steinharten Tatsachen eines Wanderers auf der Asphaltpiste Richtung Bezirksstadt Kalavrita. Da trottet er gerade mal so tramhappert[2] dahin, als ihn plötzlich eine laute Autohupe in die Realität zurückbringt. In bellendem, steiermärkisch-burgenländischem Dialekt wird er begrüßt mit den Worten: „He, Kollege, willst du denn auch nach Kalavrita und wieso plagst du dich so?" Die Begeisterung hält sich in Grenzen nach dieser spöttischen Begrüßung. Bei diesem vollgestopften VW-Bus war es sowieso aussichtslos, noch einen Rucksack samt Besitzer hineinzubringen. „Wir sehen uns später, bis bald", war daher der logische Abschluss des kurzen Gespräches. „Muss nicht unbedingt sein", war der allerletzte Gedanke an die Truppe aus Oberwart.

---

2) tramhappert (österr.) = in Tagträume versunken

Kalavrita

Die Schuhsohlen brennen, als der immer langsamer gewordene E4 GR Wanderer am späten Nachmittag hatschend in Kalavrita ankommt.

In diesem Ort, die Reiseführer schreiben alle von einer Stadt, keine Herberge oder Hotel aufzusuchen, könnte wieder sehr aufregend werden. Natürlich ist es hirnrissig und knauserig. Sinngemäß steht das auch auf der Umhüllung von Zucker-stückchen bei den Jungfrau-Eigenschaften. Nachfolgend steht auch noch etwas von Hartnäckigkeit und Ausdauer. Er sucht also einen Zeltplatz, möglichst wieder am Ortsanfang oder -ende. Jedenfalls nicht im Zentrum, denn da steht schon die Kirche.

45 Euro kostet eine Nacht im Gasthaus. Im Hotel etwas mehr, privat etwas weniger. Mein wirklich erstklassiges Zelt vom Flohmarkt hat sogar etwas weniger gekostet. Das dürfte also eine super Bilanz ergeben, wenn alles so weitergeht.

Erst mal geht es zur Stadtbesichtigung. Viele kleine Läden und Tavernen, aber auch teure Sportgeschäfte sowie die typischen Kleidergeschäfte für Frauen. Rosa! Pinkfarbene Kleider mit glitzernden Halsausschnitten sind zurzeit große Mode. Ein paar dieser schrecklichen Kostüme haben sich auch auf die Straße verirrt. Und die Trägerinnen, so scheint es, wollen damit auch gesehen werden. Fast, nur die Augen sind nicht sichtbar, denn Frau trägt auch die übergroßen Sonnenbrillen und somit ist sie „in". Komplett ist die Griechin natürlich nur, wenn sie auch noch dünnes, hochhakiges Schuhwerk anhat. Gabor, Manolos, Ara, Paul Green oder wie sie sonst alle heißen, scheinen es jedenfalls nicht zu sein.

Schön sind sie trotz alledem anzuschauen, die meisten der flanierenden Frauen. Bedauerlicherweise darf so ein dreckiger, alter Rucksacktourist sie halt nur aus einer Mindestentfernung von gut fünf Metern betrachten, ohne dass er durch grausame Geruchsbelästigung beanstandet wird.

Kalavrita ist ein Dorf mit rund 2000 Einwohnern und erlangte aufgrund eines Massakers vom 13. Dezember 1943 Bekanntheit. Sehr gut nachzulesen in dem Text von Martin Seckendorf:

„Kalavrita! Stadt der Witwen und Märtyrer"

Höhepunkt des Vernichtungsfeldzuges war das Massaker in Kalavrita. Am 13. Dezember erschoss die 117. Jägerdivision dort mehr als 500 Männer im Alter zwischen 13 und 77 Jahren. Während der Hinrichtung der Männer waren die Frauen und Kinder im Schulgebäude eingesperrt. ...[1]

---

1) http://www.2i.westhost.com/bg/1_6.html

Wildzelten ist in Griechenland gesetzlich verboten und deshalb reagieren die Sinne des suchenden Rucksacktouristen sehr sensibel auf ein Polizeiauto mitten im Ort. Da zum Glück keine Polizisten zu sehen sind, wahrscheinlich sind diese in der Taverne, wird alles riskiert und weiter Zeltplatz gesucht. Nicht weit weg vom Bahnhof wäre sinnvoll, sollte eine schnelle Flucht erforderlich werden.

So steht er da, mitten am Marktplatz. Der Puls etwas erhöht wegen der ungesetzmäßigen Herbergsuche. Tachykardie nennt es die medizinisch geschulte Ingrid. Plötzlich ein Getrampel, Klappern und Schnauben. Das Herz des Weitwanderers setzt schon zum Kammerflimmern an.

Ein Reiter hoch zu Ross galoppiert in halsbrecherischem Tempo, verursacht durch die abschüssige Schotterstraße, vorbei. Die anschließende Kurve meistert der griechische Cowboy olympiareif. Bei der ganzen Aufregung lässt sich jedoch erkennen, sein und mein Ziel, könnten übereinstimmen. Der Vorort von Kalavrita. Also eile ich ihm nach, was natürlich mit den 15 kg am Buckel und dem sonstigen herumhängenden Zeug am bejahrten Gerippe kein Kinderspiel ist. Das Ross nie aus den Augen verlierend, erreiche ich nach einigen schweißtreibenden Minuten den unversehrten Reiter und dessen Behausung. Es ist 17 Uhr und die Abendtemperatur hat noch gemütliche 34 Grad. Ich versuche eine Konversation zu beginnen. In Deutsch, Englisch, unverständlichen Griechisch und herumfuchtelnden Gesten, jedoch ich scheitere kläglich. Ich entschließe mich zu einer sowieso notwendigen kurzen Verschnaufpause nach dieser Verfolgungsjagd, um den Zettel von Friederike hervorzukramen. Aber noch hat das Schicksal keine beruhigende Herzfrequenz für mich vorgesehen.

In der Ferne erkenne ich eine männliche Gestalt, die langsam auf die kleinen Felder und auf das Haus des Pferdeflüsterers zukommt. Ich könnte den ja mal in meinen verfügbaren englischen und griechischen Sprachbrocken ansprechen, denke ich. Es war kein guter Gedanke! Das stellte sich bei dem immer näher kommenden Typ eindeutig heraus. Furcherregend anzusehen, wie er da mit dem Gewehr über der Schulter auf mich zukommt. Der Lauf zeigt in Richtung Baumkronen, was mich zumindest ein klein bisschen beruhigt. Besser fliegendes Getier im Visier, als wehrlose Touristen. Selbstgespräche führend und torkelnd kommt er auf uns zu. Ein verdammt komischer Kauz. Noch ist nicht klar, ob er besoffen ist oder sonst irgendwie geschädigt. Jetzt bemerkt ihn auch der Cowboy. Dieser flüchtet sofort in sein Haus und verriegelt die Haustüre. Seine Frau sieht man gerade noch vom Balkon in das hinterste Zimmereck rennen, wo auch sie Deckung sucht. Völlig fassungslos versuche auch ich jetzt einen Fluchtweg hinter das Haus ausfindig zu machen, wo ich mich dann so gut wie möglich verkrieche. Nicht gerade heldenhaft beobachte ich den immer lauter werdenden, mit der Flinte herumfuchtelnden, vorbeiwackelnden Mann. Gelegentlich zielt er Richtung Haus und mein Versteck, ohne zu ahnen welche fette Beute sich dahinter verbirgt. Gleich darauf fällt er auf die Nase, rappelt sich wieder hoch und zieht laut fluchend in Stadtrichtung weiter. Jetzt trauen sich auch der Reiter und seine Frau wieder aus dem Haus. Alles „endaxi". Nur mein Unterkunftsproblem ist noch nicht gelöst.

Ich übergebe dem Hausherrn Friederikes Schwindelzettel und dieser deutet spontan auf das Feld gleich neben seinem Tierpark. Dieser ist bewohnt von vielen Hühnern, 2 Ziegen, einem Hund und einem Schwein. Diese Meute dürfte vorher den mir angebotenen Platz bewohnt haben. Das kann sogar ein landwirtschaftlich Ungebildeter an den noch vorhandenen Losungen dieser unterschiedlichen Tiergattungen erkennen. Obwohl es doch ziemlich streng duftet, bedanke ich mich höflich, denn bei einem Preis von null Cent drückt man schon mal einen Riecher zu. Ebenfalls gut, dass es August ist, da trocknen die diversen Knöllchen von Hund, Kitz und Co relativ rasch, so dass sie sich mit einem provisorischen Besen leicht wegkehren lassen. Das Gelände selbst ist sehr grob, jedoch halbwegs gut geschützt gegen Wind und Wetter durch den dahinter leicht ansteigenden Hang.

Nach dem Zeltaufbau verlangt mein Wissensdurst nach einer Stadtbesichtigung und mein Magen fordert ebenfalls, nötige Einkäufe gleich mit zu erledigen. Der Darm beantragt auch eine baldige Sitzung. Am Bahnhof gibt es ein WC für die Allgemeinheit, in rustikalem Hocke-Stil erbaut. Im Cafeneon stolpere ich wieder über die Kumpels aus Oberwart. Überraschenderweise zeigen sie sich sehr kulturinteressiert, wissen von dem großen Mahnmal am Ausgangspunkt des Ortes in Richtung Ano Lousi und Kàto Lousi zu erzählen sowie von einigen weiteren Sehenswürdigkeiten. Sie geben sich recht lässig, tragen lange Haare und Bärte und die Bekleidung hat leichten Flohmarkt-Touch. Es könnte sich um eine spätberufene Hippiefamilie handeln. Natürlich sind auch hier Kirche, Denkmäler und Statuen sehenswert, wäre der Betrachter nicht schon saumüde. Er beschränkt sich deshalb nur mehr auf den Einkauf und zieht sich in den Vorort zurück.

Rund um das Zelt ist es schon merklich ruhig geworden. Das Pferd steht friedlich eingeparkt vor dem Haus. Nicht weit weg davon schlummert eingerollt der Wachhund. Einzige Ausnahme in der Stille ist das Schweinchen. Es grunzt manchmal halblaut vor sich hin, scheinbar durchaus zufrieden. Genauso wie das menschliche Gegenüber am Acker, welches heute auch schon zu faul für die Reinigung ist und deshalb rülpsend vom vorherigen Bier beschließt, sich bald in das Zelt zu verkriechen. Die Uhr zeigt 21.30 an, es wird dunkel. Also wieder alles Wichtige in das Zelt hinein. Griffbereit: die Taschenlampe, das Schnäuztuch, eine Decke, das Wasser und den Waschschlegel für alle Fälle! Kurz darauf entschlummert der Weitwanderer.

Irgendetwas stimmt nicht! Träume ich oder bin ich wach? Höre ich etwas? Bewegt sich da was? Tatsächlich, ich bin aufgewacht und es ist stockfinster draußen. Trotzdem, rund um das Zelt bemerke ich Bewegung und ich höre Männerstimmen. Mein Magen verkrampft sich, die Luft bleibt weg, was ist da draußen bloß los? Die Stimmen sind jetzt direkt vor dem Zelt. Mein erster Gedanke: die Polizei holt mich wegen verbotenem Zelten. Es dürften zwei Polizisten sein, Widerstand wäre also sinnlos, genauso der Waschschlegel. Ab in den Knast, es scheint unausweichlich. Trotz Angst und Schrecken mache ich den Reißverschluss einen kleinen Spalt auf. Der nächste Schock! Da glänzt etwas Längliches vor meinem trüben Auge und etwas Rundes. Ein Hackebeil und die dazugehörige Blutschüssel. Also keine Polizisten. Vorbei ist es mit dem Urlaub, mit der Gesundheit, mit allem! Ab in das Jenseits, in den Hades, in die Hölle oder weiß der Teufel wohin! Die Gedanken springen wild durcheinander! Halte ich zuerst die Hand hinaus, wird die sofort abgehackt. Beim Fuß ist es dasselbe. Links oder rechts ist auch egal. Auch der Kopf ist zu schwach für ein Hackebeil! Also was tun? Der rettende Gedanke! Zuerst den Waschschlegel in die Hand nehmen, in die andere kommt die Taschenlampe zum Blenden. Gesagt, getan. Gleich muss der fürchterliche Hieb kommen. Doch nichts dergleichen geschieht. Nach dem lebensnotwendigen, erstmaligen Luftholen, verstehe ich endlich ein paar Worte, es muss Englisch sein.

„Kendl, Kendl". Ah, es dämmert, „candle", also von Licht wird da gesprochen und etwas von „three minutes" höre ich. Damit könnte die Galgenfrist gemeint sein. Doch die reicht ja nicht mal für ein ordentliches Sterbegebet. Gleichzeitig steigt mir ein besonderer Duft in die Nase. Das wird wohl eine vorbereitete Soße sein für das Nachtmahl zweier Kannibalen. Hackfleisch soll da noch rein. Jetzt bin ich wirklich dran. Mir wird klar, so ein ausländischer Rucksacktourist geht doch nirgends ab. Haben mich die zwei denn nicht beim Zeltaufbau in der kurzen Hose und oben ohne gesehen? Da müsste ihnen angesichts des Gerippes doch der Appetit vergangen sein. Die Burschen reden draußen immer noch. Mir ist übel, genauer gesagt sauschlecht. Einer der Männer redet jetzt deutlicher zu mir herein: ich solle ihm die Lampe leihen, nur für 3 Minuten – so verstehe ich jedenfalls sein Englisch. Ich serviere ihm die angeknipste Taschenlampe auf dem flachen Teil des Waschschlegels. Statt des erwarteten Beilhiebes bekomme ich ein „efcharisto". Gleich darauf schiebt sich durch die Zeltöffnung eine Hand und darauf befindet sich das furchtbare runde Ding. Es ist ein Aluminiumtopf mit wohlriechendem Inhalt samt großem Messer und Gabel, die der Zeltbewohner für Blutschüssel und Hackebeil hielt. Mann oh Mann! Da habe ich ja nochmals Glück gehabt. Die Pumpe schlägt jetzt nicht mehr ganz so wild, der Haxen ist noch dran, die Hände auch, die Kehle nicht durchbohrt und im unbeschädigten Hirn dämmert es schön langsam:

Du hast um 23 Uhr griechischer Zeit ein Essen im Zelt, ein Moussaka!

Flugs verschwinden die Männer in Richtung Tierpark und fangen mit der Taschenlampe zu suchen an. Jetzt wird wohl anstatt des Austrianers ein Huhn oder sonst was dran glauben müssen. Mir egal, wenn ich nur meine Lampe wieder bekomme. Tatsächlich, nach 3 Minuten fuchtelt wieder einer an meinem Zelt herum und gibt sie mir zurück. Sagt noch kali nichta und efcharisto und ich antworte ihm auch so was Ähnliches.

21. August, 8 Uhr früh, Sonne, sollte jetzt eigentlich hier stehen. Man glaubt, an Aufregungen hätte es für den vergangenen Tag und diese Nacht gereicht. Gewaltig geirrt!

- Essen soll zwar die Nerven beruhigen, andererseits nach so heftigen, nächtlichen, emotionalen Überreizungen war der Appetit nicht mehr besonders groß, darum wird das Moussaka für den nächsten Tag aufbewahrt.
- Der unversehrte 3-Minuten-Lichtspender bekommt die Geschichte lange nicht aus dem Kopf, obwohl er es gerne möchte.
- Gerade hört er noch vom Zentrum die Kirchturmuhr Mitternacht schlagen, als diese von einem Hundegebell übertönt wird. Nicht vom Nachbarhund, nein, viel näher, sozusagen direkt vor der Haustüre, sprich Zelteingang.
- Die Flüche des Zeltbesitzers werden immer lauter, parallel dazu steigt auch die Anzahl der Köter.
- Bitte ein Zimmer mit Frühstück!
- Die Hunde haben das Moussaka gerochen, immerhin sind da schöne Fleischbrocken drinnen. Hoffentlich nehmen die nicht das ganze Zelt auseinander um dranzukommen.
- Der Waschschlegel muss wieder her.
- Es hört sich an, als ob die ganze Meute rund um das Zelt schleichen würde um dann bellend zu beraten, was es diese Nacht zum Beißen geben könnte.

Der Zitternde beschließt nicht tapfer zu sein, sondern sich ab jetzt ganz ruhig zu verhalten. Nicht einmal anziehen ist erlaubt, um die Biester da draußen nicht noch mehr zu provozieren. Hoffentlich hören sie nicht das Zähneklappern vom abwechselnden Frieren und Fürchten. Langsam verzieht sich einer nach dem anderen. Gott sei Dank, sie sind jetzt irgendwo in der Ferne zu hören. Wahrscheinlich bereiten sie jetzt so manchen Einheimischen ein paar schlaflose Stunden.

Aller guten Dinge sind Drei. Von wegen gut. Müssen es auch drei schlechte sein? Es geht schon wieder los. Es ist 3 Uhr. Ich höre leise gleichmäßige Schritte, die immer näher an meine Wiese kommen. Sofort fällt mir der Mann mit der Büchse ein. Ob der wieder retour kommt? Soll ich schnell hinaus und mich wieder verstecken? Soll ich in den Ort hinauf rennen, oder soll ich…? Ich weiß es nicht!

Ich höre nochmals genau hin. Die Schritte sind total regelmäßig. Das Regelmäßige gibt Hoffnung. Dieser Mann hat doch gewackelt und führte Selbstgespräche. Ist er in der Zwischenzeit wieder ausgenüchtert? Sherlock Holmes hätte nicht sauberer analysieren können. Plötzlich ist es still geworden. Zu spät um noch zu flüchten. Verdammt, wie oft kommt heute noch das grausige Ende? Ganz leise öffne ich den Reißverschluss und horche weiter. Höre aber nur mein eigenes Herz wie verrückt hämmern. Wieder ergreife ich den Schlegel und die Taschenlampe mit dem Mut der Verzweiflung. Kein Laut mehr draußen. Ich glaube er steht vor der Tür. Der Teufel soll ihn holen. Jede Menge Kriminalgeschichten schießen mir durch das gepeinigte Hirn. Lauter Fragen, keine Antworten. Wer ist jetzt wirklich die Ursache des Schweißes auf der Stirn und auch sonst überall am zittrigen Gestell. Ich gebe es nun auf, über noch gräulichere Alternativen des Abkratzens nachzudenken. Irgendwann hat die Spannung dann doch abgenommen. Auch deshalb, weil mir einfiel, dass ich schon erfreulichere Nächte in Griechenland verbrachte. Der letzte Mut kommt auf, im Zelt natürlich. Autogenes Training, gescheite Sprüche und anderes, wie zum Beispiel: die Griechen sind doch ein gutes Volk, zwar Schlitzohren, jedoch keine Touristenhasser. Der Bürgerkrieg ist auch schon lange vorbei, obwohl der torkelnde Jäger noch ein Überbleibsel dieses grausigen Gemetzels sein könnte. Aus! Ich ergebe mich dem unsichtbaren, unbekannten Gegner und versuche zu beten. Zugedeckt mit allen Klamotten bin ich dann doch eingeschlafen, nachdem sich an der nächtlichen Stille nichts mehr geändert hat.

Endlich, der 3. Tag! Dienstag der 21. August, Sonne.

Es ist bereits heiß im Zelt, 9 Uhr statt 6 Uhr. Klar, früh aufstehen war geplant. Ich freue mich, überhaupt noch alle Sinne und Knochen beisammen zu haben. Der Blick unter meine Klamotten sagt mir: Okay, alles noch dran!

Das kalte Moussaka schmeckt jetzt köstlich. Das wie ausgeleckt wirkende Alugeschirr wird der Frau des Pferdeflüsterers zurückgebracht. Ihr Mann ist nicht zu sehen. Er muss wohl der erste nächtliche Störenfried gewesen sein, denn die Frau lächelte mich mitleidig und verständnisvoll an. So gut ich es auf Griechisch zustande bringe, kommt ein „efcharisto poli" hervor. Dann gehe ich zurück zum Zeltplatz, der aussieht als wäre die ganze Nacht nichts geschehen. War denn alles nur Einbildung und Traum?

Schon wieder höre ich Schritte leise auf mich zukommen. Diesmal eine angenehme Überraschung. Die Griechin, schwarzhaarig, liebreizend schön und mit einem Lächeln auf den Lippen, reicht mir eine große Tasse heißen Kaffee. Kann es nach so einer Nacht noch Schöneres geben?

Langsam geht es heute voran. Schon seltsam nach so überreichlichem, gesunden Tiefschlaf und der jetzt angenehmen Mittagstemperatur von nur 35°.

Vorerst muss ein Schlafsack oder eine Decke für die kommenden Nächte erworben werden. Aber zu den drei zu Hause gebliebenen Schlafsäcken noch einen vierten dazu? Es wird eine Decke, fair gehandelt in einem Laden für Gemischtes. Am südlichen Ortsrand von Kalavrita geht es steil bergauf zu dem berühmten, schon erwähnten Denkmal für Gefallene des 2. Weltkrieges. Noch ein paar Fotos schießen und dann geht es weiter die noch steiler werdende Asphaltstraße nach Ano Lousi und Kato Lousi.

Ano Lousi – Kato Lousi

Zwei kleine Nester, in denen man nicht unbedingt anhalten muss, außer es geht einem die Puste aus. Ein Pickup erbarmt sich des atemlosen CO_2-Bekämpfers, und lädt ihn bei einer Taverne zwischen den zwei Lousis ab. Der Durst ist riesig und von dem, was eine griechische Familie an einem ganz einfachen Dienstag gerade am Nebentisch übrig lässt, könnte man seinen Hunger für zwei Wochen stillen.

„Thélo na pliróßo, óla masí"! „Ich möchte bezahlen, alles zusammen!" So spricht das Familienoberhaupt und so ist es Sitte in Griechenland. Die Touristen wollen meistens separat bezahlen. Diese Mehrarbeit gefällt den Kassierern ganz und gar nicht.

Na so was, was spürt denn da meine kahle Birne? Der sonst so blaue Himmel hat sich in grau gehüllt und lässt auch gleich ein paar Tropfen fallen. Ein junger Mopedfahrer unterbricht wegen des jetzt stärker werdenden Gewitterregens seine Fahrt und drückt sich ebenfalls an die Hauswand dieser originellen Taverne. Kein Grieche, man merkt es sofort. Deutscher ist er, auf Individualurlaub. Mal zu fuß, mal mit dem Bus und manchmal ist er mit einem geliehenen Moped unterwegs. Und das alles ohne Zelt und ohne großen Rucksack! Selten übernachtet er in einem Zimmer, meistens unter freiem Himmel. Und die Viecher in der Nacht, die tun ihm nichts und er ihnen auch nichts, sagt er! Bravo! Eine deutsche Ausnahmeerscheinung! Allerdings den „E4 GR" Weitwanderweg kennt er nicht, obwohl er gerade darauf herumfährt.

Wie geht es nun weiter, nachdem der Regen aufgehört hat? Es ist 14.30 Uhr, also muss geklärt werden, wo die nächste Nacht verbracht wird und gibt es dort auch was zu essen und zum Einkaufen. Planitéro heißt mein nächstes Ziel und ist noch ziemlich weit entfernt. Also ela, ela, ade pame.

Die Landschaft zwischen den zwei Lousis wird als Weidegebiet beschrieben. Passt ganz gut. Olivenbäume und Zypressen sieht man hier wenig, dafür gibt es mehr Sträucher und kleine Bäumchen, die der Wanderer bedauerlicherweise nicht kennt. Ein Pflanzenbüchlein hätte sicher noch leicht Platz gefunden. Bergauf, bergab wandere ich dahin, dazwischen immer wieder der Blick in die Berge, die hier gar nicht so hoch wirken, nachdem man sich auf einer Höhe von 1.000 m bewegt. Manchmal zeigt sich der Helmos. Er ist 2.341 m hoch und wird im Winter recht gerne von den Griechen zum Schifahren genutzt.

Immer öfters werden kleine Pausen gemacht. Logisch, wenn man sich in der Nacht wie Don Quichote aufführt. Also wieder mal eine Rast, Schaumrolle in die Wiese, Gerippe drauflegen und schon ist er eingeschlafen. Regentropfen, die an mein Hirnkastl klopfen, so werde ich geweckt.

Am Horizont sieht es gar nicht gut aus. Ja, was tun mit dieser neuen Situation? Möglichkeiten gebe es genug, doch welche ist die Beste?

Ich könnte an Ort und Stelle mein Zelt aufbauen, solange es nicht schüttet oder zurückgehen zur Jausenstation und griechische Reste aufessen?

Gescheiter wäre, weitergehen nach Planitèro trotz immer noch großer Entfernung und vielleicht Autostoppen, denn Busse fahren hier relativ selten.

Ein Haus in der Nähe aufsuchen wäre ebenfalls eine Option. Das nächste kleinere Dorf ist geschätzte 7 km entfernt und heißt Kastria. Gerade da will ich auf keinen Fall hin. Was ist, wenn die Burschen dort ihrem Namen alle Ehre geben und auch auf Wanderer losgehen? Obwohl ja in keinem einzigen Reisebericht etwas von diesen Schnelloperationen vermerkt war. Es fängt noch etwas mehr zu regnen an und in der Ferne blitzt es. Was ist also das kleinere Übel: vom Blitz getroffen zu werden oder...Kastria? Die Vorentscheidung lautet, zunächst bis zur Abzweigung Kastria gehen und je nach Wetter dann links ins Blitzgewitter oder rechts ins Operationsdorf. Die Entscheidungsanalysen in meiner ehemaligen Firma waren ein Kinderspiel, gegen diese lebensbedrohlichen Varianten.

Kastria

Die Wahl fiel auf Kastria, wetterbedingt. Für den Schutz der Gesundheit dachte ich, gehe ich gleich zum Popen. Der hat doch sicher auch Verständnis für solche Männerängste, denn meist ist er auch Ehemann. Wenn er dann auch noch ein Gästezimmer hätte!? Ich wäre ja auch schon mit dem Vorgarten der Kirche zufrieden, nur den Friedhof dahinter würde ich dankend ablehnen. Leider kein Pope im Ort. Zu klein dafür, erzählen mir eine Familie mit zwei Kindern und ein Tischler mit seiner Frau. Sie alle arbeiten gerade an einem Rohbau am Ortsanfang. Diesmal klappt meine Frage nach einem Zeltplatz auch in Englisch. Die Kinder machen die Verdolmetschung. Die Antwort kommt in Form einer Handbewegung in Richtung eines Rohbauzimmers. Hart aber herzlich, würde ich das Angebot nennen. „Ne, efcharisto!"

Natürlich muss ich zuerst viel erzählen, woher ich komme, wohin ich gehe. Das mitleidige Lächeln bleibt nicht aus. Mein Wanderbüchlein bietet mir große Hilfe. Man kann jeweils die Bilder des Ortes oder wenigstens den Nachbarort zeigen, einschließlich einiger einfacher Wegskizzen. Und das alles selbstverständlich bei Kaffee und Keksen, serviert von der Hausfrau. Anschließend erfolgt eine kurze Besichtigung des Hauses und im Zuge dessen wird mir auch mein Zimmer zugeteilt. Ich wohne in einem Anbau, wenn auch noch ziemlich roh und uneben, besonders der Boden. Ob da die schmale und dünne Schaumrolle reicht um diesmal besser zu schlafen? Gefährlich steil geht es auch in den Garten hinunter. Der Zubau ist nur über eine ebenso steile Treppe zu erreichen. Das heißt noch bei Tageslicht alles gut einprägen, man weiß ja nie, was die Nacht bringt. Allein die Tatsache, dass es im Rohbau kein Klo gibt, gehört gut eingeteilt und geplant, denn irgendwann sperrt auch die Taverne in der Nachbarschaft zu.

Eine Einladung zum Abendessen im Althaus darf man natürlich nicht ablehnen. Es gibt Nudelsuppe mit Weißwein und Brot. Mehr als eigenartig dieses Gemisch, ob das gut geht? Vor dem Abendessen ist noch Zeit für eine Ortsbegehung.

Nichts deutet auf den komischen Namen hin. Zur Vorsicht hänge ich mir meinen Schlegel um die Hüfte. Kein typisch griechischer Ort, dafür charmant am Hang liegend an dem auch die Kirche steht. Der Platz bietet eine gute Aussicht. Ein älterer Grieche mit grauem Bart und strähnigen Haaren spaziert langsam hin und her. Ein Stock unterstützt ihn dabei. Sehr schwer fällt ihm das Gehen. Er setzt sich auf eine Bank und blickt traurig in die Ferne. Ich versuche vorsichtig mit ihm ins Gespräch zu kommen doch es gelingt mir nicht. Könnte ich nur seine Sprache! Er macht einen sehr einsamen Eindruck. Leider muss ich ihn jetzt alleine zurücklassen, mein Termin mit dem neuen Hausherrn wartet.

Da sitzen wir nun auf der Veranda einer Taverne. Mindestens 20 Männer aller Altersstufen. Auch der Vater des Gastgebers ist gekommen. Kühl der Abend, saukalt das Bier, das natürlich dankend angenommen wird, sonst wäre es eine Beleidigung an die griechische Gastfreundschaft. Der Gesprächsstoff ist mir und allen anderen schon längst ausgegangen, dem Hausherrn und den sonstigen Spendern das Bier noch immer nicht. Die griechischen Kollegen möchten wohl sehen, wie viel so ein Tramper verträgt. Nach nicht genau kontrollierter Menge, etwa zwei Liter, plus eins, minus null, ist er zwar ziemlich besoffen, hält aber erstaunlicherweise noch sehr gut sein Gleichgewicht im Sessel. Auch den Heimweg hat er in Begleitung noch gut überstanden, wie er dann alleine die steile Treppe hinaufkam, weiß er allerdings nicht mehr genau. Nur so viel, dass die neue Decke kuschelig warm war, sozusagen als Ausgleich zum eiskalten Bier im Bauch.

Zwei Uhr dürfte es gewesen sein. Seitlich liegen war wegen des fürchterlichen Drehschwindels nicht mehr möglich. Irgendwie gelingt mir noch die Rückenlage mit erhöhter Position der schwer geschädigten Birne. Nicht schlecht gemacht und nun hoffe ich auf einen gesunden Durchschlaf.

Vier Uhr. Die Reihenfolge Wein, Nudelsuppe, Bier zeigt ihre verheerende Wirkung. Mit beiden Armen am Geländer festhaltend geht es die steilen Stufen nach unten. Nur nicht zu schnell, aber auch nicht zu langsam. Die Zeit drängt, denn das Rückhaltevermögen oben wie unten ist am Tiefpunkt. Wie erwartet, hat die Taverne zu! Also schnell hinaus aus dem Ort, man kann doch den gastfreundlichen Griechen nicht direkt auf ihre Straße hinpfeffern und anschließend noch alles vollkotzen. Zahlreiche Hindernisse, man glaubt es kaum zu dieser Stunde, lassen die notwendige Erleichterung noch etwas warten: die Straße geht steil bergauf, ein Mann spaziert seelenruhig auf und ab, drei Hunde wollen mich begleiten und kein geeignetes Gelände, um sich zu erleichtern. Endlich! Beim Heimweg zeigt die steile Stiege nochmals Wirkung in der Form, dass noch eine gekotzte Ladung im darunterliegenden Gartenbeet landet. Bio-Dung in fast höchster Vollendung.

Fünf Uhr. Mein letzter Gedanke vor dem Schlaf: schäm dich vor deinem ungebremsten Zuspruch zum Alkohol und schäm dich des dadurch entstandenen Missgeschicks! Also, schleich dich ja in der Früh schnell genug aus dem Haus, bring das Beet in Ordnung und lass dich hier nie wieder blicken.

Ich erwache durch ein fürchterliches Hämmern in meinem kaputten Schädel und im Nebenraum vom Tischler. Erstes ausgesprochen schmerzhaft, Zweites sagt mir, es ist zu spät für die Flucht! Es ist acht Uhr. Der Ordnung halber: ***Es ist Mittwoch, der 22. August, Sonne.*** Trotzdem, jetzt schnell aufstehen, zusammenpacken, bedanken und entschuldigen, nochmals schämen und dann nichts wie weg. Doch wieder einmal kommt die Hausfrau schneller als ich aufstehen kann mit dem Wichtigsten des Tages, einem Kaffee. Erwartet hätte ich, dass sie mir einen Eimer kaltes Wasser über meinen dröhnenden Kopf schüttet, aus Zorn natürlich, über die nächtliche Düngung ihres Gartens. Zum Kaffee bekomme ich noch etwas zu Essen. Dafür soll ich einige Bilder von der Gastgeberfamilie knipsen. Erst dann werde ich in Richtung Süden entlassen. „Chronia pola". Vom Dorf aus geht es ziemlich steil bergab. Mit dem Fernwanderer auch!

Wie steht es in meinem Wanderbüchlein so schön: *„Griechenland bedeutet Sonne und Meer, aber es besteht auch zu zwei Dritteln aus Gebirgen. Wer das Leben und die Ausgelassenheit an den Stränden und in den Tavernen seiner Küsten erlebt hat, hat nur einen Teil des Landes erlebt. Im inneren des Landes sind die Lebensverhältnisse bescheidener geblieben. Auf den folgenden Wanderungen werden sie nicht mehr das Gefühl haben, vom Meer umspült zu sein, sie werden das Land kennenlernen."*

Recht hat er der Gert Hirner, Autor mehrerer Wanderbücher. Jedoch so ganz konnte ich seinen Zeitangaben nicht folgen, denn der Autor samt Begleitung, hat vermutlich seine Nächte etwas komfortabler und ruhiger verbracht. Deshalb auch die großen Tagesetappen. Unsereiner sandelt eben stets unausgeschlafen im Schneckentempo durch den Peloponnes. Die nächste Route wird mit sechs Stunden angegeben und hat die Überschrift: *Bergdörfer zwischen Achaia und Arkadien – von Planitéro nach Lykuria (E4)*. Bei mir werden es wohl sechs Tage werden, wenn das mit meinen schwindligen Nächten so weitergeht. Zunächst steht mir aber erst der Weg nach Planitéro bevor. Heiß die Temperatur, hügelig, schön und einsam die Natur, unbesucht auch die Asphaltstraße, die zwischendurch begangen wird. Zwei Esel auf einer Weide sind innerhalb von zwei Stunden die einzige Begegnung.

Der verdiente Mittagsschlaf auf einer grünen Wiese nahe meiner vierbeinigen Kollegen, daneben ein ruhig plätschernder Bach, dauert sehr lange. Ein Hirte mit seiner kleinen Truppe Schafe kommt näher.

Täusche ich mich oder hat auch er ein mitleidiges Lächeln auf den Lippen bei dem Anblick, den ich ihm biete?

Gut, wenn der Hirte außer Sichtweite ist, wird Grundreinigung gemacht. Der Bach ist saukalt. Trotzdem gibt es eine Totalwäsche. Die Waschlappen, genau nach Zonen eingeteilt, tun endlich ihre geplanten Dienste. Restauriert und erfrischt schmeckt das mitgeschleppte Essen noch einmal so gut und der Rest vom Kaffee bewirkt, dass der Einsame schon fast wieder wie ein Mensch weiterwandert. Trotzdem fragt er sich zwischendurch öfters, ob das Ganze noch unter Abenteuer oder unter Anhäufung von Blödheiten fällt, die man zur Nachahmung ja nicht weiterempfehlen sollte.

Wie ist es da wohl dem Paulus auf seinen drei Missionsreisen ergangen? Wo hat er sich hingelegt ohne Zelt und ohne Schlafsack? Hat er auch so dicke und lange Beinkleider getragen wegen der Schlangen? Davon habe ich in der Bibel, egal ob alte oder neuere Ausführung, nichts gelesen. Wohl, es gibt einige Hinweise auf Mazedonien und Achaia; in einer alten Bibel, auf Seite 410, beim ersten Brief an die Thessalonier: „…darum seid ihr ein Vorbild geworden für alle Gläubigen in Mazedonien und Achaia….". Nun denn, wenn sich in den knapp 2000 Jahren in der Geografie nicht allzu viel geändert hat, wandelt der Austrianer jetzt ebenfalls auf dem erwähnten Achaia. Die griechische Landkarte schreibt Ahaia. Langsam nähere ich mich dem Drei-Länder-Eck AHAIA-KORINTHIA-ARKADIA. Historisch…, archaisch..., manchmal könnte man vor Ehrfurcht fast erschauern. Außer die Geschichte wird ganz nüchtern betrachtet, was auch nicht immer gelingt, wenn man so an den Vortag oder die Nacht denkt.

Die Jakobspilger sagen immer, sie sind zu sich gekommen oder sie haben sich verwirklicht. Manche finden dabei zu Gott, andere verlieren dabei ihre Ehefrau. Alles ist möglich, wie man so hört.

Am Fernwanderweg in Griechenland, wie ist es da? Mein Reiseführer schreibt keine derartigen Geschichten. Hatte er vielleicht die „heilige Kuh" mit dabei?

Die griechische Zentrale für Fremdenverkehr in Wien, was wird die schon sagen können? Nichts! Deren Chefin kommt aus Kreta, die anderen Angestellten aus den verschiedensten griechischen Bundesländern. Alle zusammen geben ganz offen zu, dass sie mit Wanderungen nichts am Hut haben und zwar auf die alljährliche wiederkehrende Frage bei der Ferien-Messe in Salzburg, was es am Fernwanderweg Neues gibt. Am ehesten könnte noch der deutsche Reiseveranstalter „Natur und Kultur" etwas wissen, Inhaber Willi Bosch aus Ringingen in Deutschland (www.natur-und-kultur.de). Warten wir doch einfach mal ab, was der Austrianer nach zwei Wochen zu berichten hat.

Derzeit kann er nur sagen: Gefunden hat er einen Haufen schöne Gegend, verloren hat er ein paar Kilo am Luxuskörper.

Da muss er schon aufpassen, dass am Ende nicht der Rucksack schwerer ist als der Träger. Trotzdem! Ade pame, ela ela!

Sinnierend, ein Lieblingsausdruck meiner Küchenfee Hanni, die vor allem wunderbare Torten zaubern kann, weitwandere ich so dahin und merke ganz überrascht, dass es um mich herum gar nicht mehr so hell ist. Ein Blick zum Himmel genügt und heißt es noch mehr ade pame, ela, ela…! Obwohl das ja schier nicht mehr geht. Zum Glück, bei meinem guten Draht zum Pantokrator, naht auch schon wieder die ratternde Rettung. Ein Pickup wie im Bilderbuch. Außen alles Blech kunstvoll verbeult und der Boden, wie geschaffen zum Arschaufreißen.

„Signome" für diesen Ausdruck, es war so. Die Farbe rostbraun. Im Inneren dagegen, ein Altar statt eines Armaturenbrettes, der jeden Popen vor Neid erblassen lässt. Ikonen, Ketterln, Marienstatuen und sonst noch jede Menge heiliges Kleinzeug. Einmal in so einer „Kirche" gesessen und du brauchst in deinem ganzen Leben nie mehr wallfahrten gehen. Du bist nicht nur die leichten, sondern auch sämtliche Todsünden los.

So wie dieser Grieche schon jahrelang sein Vehikel ohne Federn und ohne Stoßdämpfer betreibt, muss er wohl im Bürgerkrieg (1946 – 1949) einige Dutzend Faschisten abgemurkst haben. Eine seltsame, aber auf Dauer vielleicht doch wirksame und späte Form der Buße. Nicht schlecht für einen griechischen Partisanen. Nach etwa halbstündiger „Buß-Fahrt" im Gewitterregen kommen wir zwei absonderliche Gestalten in Planitéro an.

Planitèro

Zu spät für einen Zeltaufbau, also wird eine Herberge gesucht. Der Grieche rauscht in Begleitung von Blitz und Donner in die Dunkelheit davon. Ein dämonisch starker Abgang. Der Ort selbst hat nichts Interessantes zu bieten. Rundum bewaldete kleine Hügel und in der Nähe ein Fluss, der Ladon. Dieser jedenfalls ist zu einer Berühmtheit geworden.

Meine Bleibe für eine Nacht kostet 15 Euro. Egal, es muss diesmal eine ruhige, lange Nacht werden. Einige Gäste sitzen bereits zum Abendessen, Plaudern und Trinken ebenfalls im Quartier. Unter anderem auch ein deutsches Ehepaar, so um die 35 Jahre jung, die sich hier niederlassen und ein Haus bauen möchten. Mein Einwand, es stünden ohnehin so viele unbenützte Häuser im schönen Gelände herum, wird kaum beachtet. Vielleicht merken sie erst dann, dass ich Recht hatte, wenn sie gleich zu Beginn ihrer Grabungen mit den Archäologen im Clinch liegen. Müde und unverstanden sage ich „kali nichta" und ziehe mich auf mein Zimmer zurück.

Dum spiro, spero.
Solange ich atme, hoffe ich.
Diese Formulierung findet sich bei Cicero und Seneca.
„Die Hoffnung stirbt zuletzt".[1]
Diesmal hoffe ich auf einen erstmaligen, ruhigen Schlaf.
Es war tatsächlich die erste ruhige, lange Nacht.

Es ist Donnerstag, der 23. August, 8 Uhr, nicht sehr sonnig. Dem Magen, am Vortag etwas angeschlagen, geht es heute wieder gut. Gestartet wird trotzdem erst um zehn Uhr, da das Frühstück besonders gut und reichlich war. Außerdem musste der weitere Weg noch genauer geplant werden. Und dann war da noch diese Dusche mit dem angenehmen, warmen Wasser. Da ist der sonst so streng ökologische, grüne Weitwanderer förmlich ausgerastet und so lange unter dem Strahl geblieben, bis das Wasser kalt wurde. Da dürften sich die anderen Gäste ziemlich gegrämt haben, weil es diesmal ausnahmsweise umgekehrt war. Ich duftete nach Lavendel, Axe und ähnlichen Probeseifen, die Autoreisenden dagegen gaben noch immer einen strengen Duft an ihre nähere Umgebung ab. Pech gehabt, Kumpels!

Laut meinem Büchlein sollte es gleich am Ortsende bei einer Kapelle, ein Hinweisschild für die Wanderer geben. Leider ist nichts zu finden und auch niemand da zum Fragen. Deshalb versuche ich es nach der Beschreibung in Kombination mit dem eigenen Orientierungssinn. Zwei Straßen stehen zur Auswahl. Eine führt ziemlich steil bergan, die andere geht so halbwegs eben weiter.

---

1) http://www.gymnasium-papenburg.de

Von Steilheit steht nichts geschrieben, so wird die ebene Straße genommen. Nach einigen Kilometern wird klar es ist die falsche. Dabei schien alles so sicher, weil mir immer mehr Leute, allerdings Autofahrer, entgegen kamen. Alle festlich gekleidet. Hat es sich denn herumgesprochen, dass ein wohlriechender, voll bepackter Austrianer unterwegs ist, dem zu Ehren man eine Party gibt? Vielleicht ein Mittagessen im Grünen, denn es wird 12 Uhr?

Hat der Wanderer vergessen, dass jedes Dorf einen Schutzheiligen hat, der besonders verehrt wird? Ja, ich denke, das könnte es sein.

Meine Erkundigungen nach dem richtigen Weg ergeben folgende Lebens-weisheit: immer mehrere Leute fragen. Ähnlich der Publikumsfrage beim Milli-onenspiel. Die Mehrheit hat meistens Recht. Für mich heißt das: umdrehen! Mit den Autos jetzt im Rücken kommt nach circa einem Kilometer die Erklärung für die festliche CO_2-Wanderung. Diese endet bei einer kleinen Kirche, die ich vorhin übersehen habe, da sie etwas abseits der Straße steht. Die vielen Familien, die wegen ihrer großen Mitgliederanzahl natürlich nicht alle in der Kirche Platz haben, sitzen, hocken oder liegen recht locker auf der Wiese rund um das Heiligtum herum. Einige von ihnen haben sogar Sesseln und Tische mitgebracht und ...? Was wird gefeiert? Wem wird hier gehuldigt?

Der Sprache leider nicht mächtig, bleibt das heilige Rätsel ungelöst. Fest steht nur, für mich war das Fest nicht gedacht. Es gab nicht einmal was zum Kosten bei den sonst so gastfreundlichen Griechen. Und fest steht auch, ich muß noch weitere vier Kilometer zurück nach Planitèro bei einer Mittagstemperatur von 35°. Klar, dass auch keiner der festlich gekleideten Autofahrer den inzwischen wieder trans-pirierenden Wanderer mitnehmen wollte. Das erste Mal, daß er an der Gastfreund-schaft der Griechen zweifelt.

Endlich ist der richtige Weg in das nächste Dorf gefunden. Verloren sind inzwischen drei Stunden und drei Kilo. Die steile Straße bergauf muß ich noch schaffen, dann erst wird gerastet. Als Belohnung gibt es nun eine fantastische Sicht rundherum, gleich dem Foto meines Wanderführers.

Ist es riskant hier oben das Zelt aufzubauen? Sehr verlockend der Gedanke! Rundum nur Natur mit dem Blick auf das tieferliegende Planitèro. Das nächste Dorf ist jedoch noch nicht zu sehen. Wenn nicht immer dieses nüchterne Abwägen wäre! Wieso schaffe ich es nicht einfach da zu bleiben, wo es gerade paradiesisch schön ist. Unter freiem Himmel, hoch oben, also wirklich dem Himmel nahe. Was soll da schon passieren. Gewitter, Regen, Schlangen, Hunde?

Letztendlich rennt der Feigling tatsächlich weiter ins nächste Dorf und am Ende seiner Reise weiß er auch, daß es zu diesem Flecken Erde keine Steigerung mehr gab.

„Die Peloponnes übt auf jeden Menschen die gleiche Wirkung aus:
Es ist wie ein kurzer glatter Dolchstoß mitten ins Herz."

So schreibt Henry Miller in seinem Buch „*Der Koloß von Maroussi*"

Die nächsten Dörfer heißen Arbouna, Ag. Nikolaos und Tourlada. Vergleichbar mit Marschalln, Dingerding und Tiefenbach[2]. Dort gibt es auch nichts zu futtern, weder Taverne noch einen Krämerladen. Folgerichtig gibt es für die müden Knochen auch keine geschützte Nachtbleibe.

---

2) Ländliche Ansiedelungen zwischen Seekirchen a. Wallersee und Elixhausen b. Salzburg

Arbouna

Im ersten Ort, Arbouna, laden ein schöner Brunnen und eine soeben von Ziegen und Schafen frisch abgefressene Wiese zum Rasten und zur Jause ein. Der Losung nach zu urteilen, ist der Brunnen das Saufbecken dieser gemischten Herde. Besser ist es, hier die Schuhe nicht auszuziehen. Neugierig kommen aus dem naheliegenden Haus zwei Frauen, Alt und jung, auf mich zu, verschwinden allerdings sofort wieder. Der Fremdling hat also den Erwartungen nicht entsprochen. Schade, eine davon war ganz hübsch. Außer den beiden lässt sich im ganzen Nest keiner blicken.

Auch der Gesättigte verschwindet wieder unauffällig den Hang noch weiter hinauf. Oben am Ortsende angelangt, heißt es wieder Spuren suchen und Orientierung finden. Leichte Zweifel kommen auf. Es gibt keine Straße mehr. Da ist nur ein schmaler Weg, ein richtiger „monopati". Ist ja gut so, wenn er nur passt. Heute noch einmal verlaufen wäre fatal. Wiederum wird das Wanderbüchlein hervorgeholt. Auch ein dazu passendes Faltprospekt.

Nach zwei weiteren Umkreisungen des Ortes und keinerlei neuen Erkenntnissen geht es auf dem engen Weg leicht aufwärts ins wilde Gelände. Von Markierung noch immer keine Spur. Man muss nur ganz fest daran glauben, dass man den Text richtig verstanden hat. Momentan ist jedenfalls nur ein einziger Weg zu sehen, von einem Ort weit und breit keine Spur. Nur Bäume und Sträucher, dazwischen einige Lichtungen.

Es heißt gut aufpassen auf dem Weg, auf die vielen Wurzeln und vielleicht auch bald auf Wölfe und Bären. Solche Gedanken kommen einem schon in den Sinn, wenn man so mutterseelenallein im Unterholz umherläuft. Zwischendurch immer wieder der Griff zum Waschschlegel, vergleichbar mit Django, wenn er bei Gefahr rechtshändig zu seinem Revolver greift. Hopsala, doch nicht genug aufgepasst und schon ist es passiert. An einer Wurzel eingehakt und mit dem Übergewicht auf dem Waldboden gelandet. Also ab jetzt den Gang etwas runterschalten. Langsam werden auch die abwechselnden Gebete und Flüche gegen das Unterholz erhört. Es lichtet sich und schon ist in der Ferne ein Ort erkennbar. Wenn dieser auch noch dem heiligen Nikolaus geweiht ist, dann ist alles gut gegangen. Ich entschuldige mich beim lieben Chef auf Griechisch für die Flüche und das mangelnde Vertrauen.

„Signome Agios Pantokrator!" Bei einer österreichischen Aussage hätte irgendein Engeldolmetscher wieder übersetzen müssen und das wäre dann sicher erst viel später oben angekommen. Selbst bei so berühmten Erzengeln wie Michael oder Gabriel könnte das länger dauern. Ist ein Kloster diesen beiden geweiht, nennt man es „Taxiarchon". Das wusste der Wanderer erst ein paar Jahre später.

Agios Nikolaos

Wahrhaftig, auf dem Ortsschild steht Agios Nikolaos. Wieder einmal Glück gehabt bei dieser Weit-, Wald- und Wildwanderung.

Gleich einige Schritte nach dem Schild präsentiert sich wieder ein schöner, elliptisch angelegter Brunnen mit fantastischen Absperrhähnen. Anschließend zeigt sich gleich der Dorfplatz mit ein paar Bänken aus hartem Beton und wie es sich gehört auch mit großen Schattenspendern, den Platanen. Selbige wachsen auch bei uns relativ gut.

In fünf Minuten ist der Brunnen leergesoffen. Allmählich werde ich einem Kamel immer ähnlicher. Kein Wunder bei dieser Affenhitze, obwohl es schon wieder auf 17 Uhr hingeht.

Ein Griechen-Ami meldet sich zum Palaver an und verhindert kurz-, nein, eher langfristig mein Weitergehen. Ich erfahre von ihm alles, was ich nicht wissen will. Wie lange er in der USA war, wie tüchtig er war und noch ist, die Anzahl der Nachkommen, seinen Beruf, das Alter, etwas von seinem Haus und natürlich welche Ziele er noch hat.

Da habe ich es einfacher, verrate ihm „mein" nächstes Ziel, nämlich Tourlada, in der Hoffnung dass ich ihm somit entrinnen kann, bevor er mir auch noch seine Zimmereinrichtung beschreibt. Der Gute hat nämlich eindeutig zu viel von den schlechten Ami-Manieren angenommen, anstatt sich seiner Griechenlandwurzeln zu besinnen.

Die Rettung naht in Form eines echten, alten Griechen. Ein toller Typ. Graue Haare, Stoppelbart mit Schnauzer, einen interessanten Faltenwurf und schön braun. Die Kleidung wie üblich, nicht ganz nach Karli Lagerfeld. Außerdem hat er einen originellen Hirtenstock, den er allerdings wegen seines aufrechten Ganges nur sehr locker einsetzt, sozusagen als Zierde.

Von dem würde ich gerne etwas mehr erfahren, doch sein Griechisch ist für mich total unerreichbar. Schade. Deshalb muss sich das Gespräch wieder auf Gesten und Bilder aus dem Wanderbuch beschränken.

Wann werde ich endlich diese Sprache lernen? Von den abgearbeiteten Fingern des alten Griechen erfahre ich, dass es bis zum nächsten Ort, Tourlada, noch drei bis vier Kilometer sind. Vom Faltprospekt weiß ich, dass er etwas größer als Ag. Nikolaos ist und dort ebenfalls keine Herberge existiert. Auch keine Taverne!

Langsam dämmert es dem Ausländer: wo keine Kirche im Dorf, ist auch keine Taverne. Wo keine Taverne, ist auch keine Herberge und wo keine Herberge, ist auch kein Krämer.

Blöd für die kaputten Haxen, die wollen heute nicht mehr so recht. Noch ein paar Happen „paximadi", dann verabschiede ich mich.

Der Weg durch den Weiler, er führt an etwa ein Dutzend Häuser vorbei, ist diesmal leicht auszumachen. Immer geradeaus nach Tourlada. Es ist wie eine Almwanderung ohne Kühe. Auch andere Viecher lassen sich nicht blicken, von Kleingetier, wie Heuschrecken und Insekten mal abgesehen.

Auf der rechten Seite sieht man in das Tal hinunter. Dort erkennt man auch die Hauptstraße Richtung Tripolis. Der Fernwanderweg führt auch dort hin, jedoch in respektablen Abstand. Somit ist er nicht abgasbelastet, von den eigenen mal abgesehen. Auf meiner linken Seite streckt sich der Hang noch etwas höher, bis annähernd tausend Meter hinauf.

Still und friedlich präsentiert sich diese Landschaft und ist auch für wandernde Anfänger gut geeignet. Ein den Füßen wohltuender weicher Boden, ein richtiger „monopati", führt bis nach Tourlada.

Diakofto - die alte Bahn.

Diakofto - die neue Bahn.

Wandern entlang der Zahnradbahn.

„Ein steiler Zahn" ... die Zahnstange.

Die Vouraikos Schlucht.

Erster Rastplatz vor Mega Spileon.

Zachlorou.

Zachlorou Bahnstation.

Kloster von Mega Spileon inzwischen renoviert.

Endstation Kalavrita.

Blick vom Mahnmal auf Kalavrita.

Mahnmal von Kalavrita.

Zeltplatz - der Morgen nach der Moussaka Nacht.

Irgendwo unterwegs am Fernwanderweg „E4".

Der Ort liegt in einer Rechtskurve, dadurch sieht man vom Ortsanfang bis zum Ortsende. Normalerweise vergewissere ich mich immer bei den Einheimischen, ob ich hier richtig bin, weil die Ortstafeln natürlich nicht zweisprachig sind und ich der griechischen Buchstaben nicht mächtig. Jedoch, niemand ist zu sehen.

Glücklicherweise dauert es nicht lange und ein junger Mann kommt mir vom Ortsende aus entgegen. Noch bevor ich meinen Schwindelzettel von Friederike hervorkramen konnte, redet er mich schon aus der Ferne an. In Englisch. Ein bisschen kann ich mich mit ihm unterhalten. Das Ergebnis: in zwei Minuten habe ich einen Zeltplatz bei der Schule. Klar, es sind ja Ferien.

Beim schnellen Durchgang zu meinem Campingplatz erkenne ich bereits das Originelle dieses Ortes, es sind viele griechisch-weiß gestrichene Häuser darunter. Alles bestens. Der Platz liegt gut geschützt und doch frei, keine Losungen von diversen vierbeinigen Revierbegrenzern und auch keine verrückten Jäger in Sicht. Das ist ja schon mal was. Der Boden rund um die Schule ist hart, zwar nicht betoniert, aber auch kein Rasen. Die Zeltspanner werden daher stark beansprucht. Wahrscheinlich später auch das Rückgrat des Schläfers. Ein schönes Gartentor wird missbraucht, um das Zelt sturmsicher anzuhängen. Man weiß ja nie. Okay, es ist alles für die Nacht vorbereitet.

Es folgt die übliche Ortsbegehung. Tourlada liegt an einem Hang und ist, wie bereits erwähnt, besonders liebreizend. Sehr viele Bäume zwischen den Häusern, jedoch ohne Kirche. Dafür eine lange Gartenmauer, ganz in weiß. Darin einge-mauerte religiöse Dinge wie Ikonen, Kelche, Öllampen usw. Alles sehr farben-prächtig und für den ausländischen Besucher recht beeindruckend.

Einige einheimische Familien nutzen die späte Abendsonne noch für einen Spaziergang rund um das Dorf. Freilich, eine Familie hat mein besonderes Interesse erweckt. Zwei Pferde, auf deren Rücken jeweis zwei bis drei Kinder sitzen, welche kreischen und lachen vor lauter Freude. Geführt werden die Rösser von Oma und Opa. Die Eltern folgen im Respektabstand. Ausnahmsweise frage ich diesmal nicht lange, sondern fotografiere einfach.

Ein seltenes Ereignis. Auch ich schnappe beinahe über vor Freude. Ich folge der gemischten Truppe ganz unauffällig Richtung Sonnenuntergang. Nach etwa zweihundert Meter ist der Weg zu Ende. Den Abschluss bildet ein kleiner Rastplatz. Von da aus weitet sich der Blick zu den dahinter liegenden, wieder ansteigenden Bergen bis hinunter ins Tal. Zehn Minuten zeigt die Sonne noch ihre Strahlen, dann verschwindet sie dunkelrot hinter den Hügeln. Mit ihr auch die Großfamilie. Nach vielen „kali nichtas" bleibe ich noch eine Stunde alleine sitzen.

Und wieder einmal ist es ein phantastischer Abend. Dürfen Männer heulen? Ja, sie lassen sich dabei aber nicht gerne zusehen.

Kein Laut um mich herum, nur ab und zu mal eine kleine Fledermaus im Tiefflug. Im Tal blinzeln die ersten Lichter herauf als Ausgleich zu den endgültig verschwindenden Farben der untergegangenen Sonne. Jede Anstrengung und Plage, jeder Umweg mit viel Schweiß und Ängsten wird zur Kleinigkeit, wenn man als Belohnung zusätzlich noch solche unvergessenen Abende geschenkt bekommt. Man bedankt sich diesmal ganz besonders beim Weltenherrscher für den gut verlaufenen Tag und kriecht trotz sternenklarer Nacht und angenehm milder Temperatur müde in das Zelt.

Die Nacht war ruhig, friedlich, leise, finster, warm, also ohne die geringste Aufregung. Für den Schulhofschläfer beginnt ein neuer Tag.

Es ist Freitag, der 24. August, 7 Uhr, sonnig und bereits sehr warm. Nach dem Frühstück wird das Zelt abgebaut. Das schöne, türkise Gartentor mit dem typisch griechischen Muster wäre eigentlich ein tolles Souvenir. Geschätzte fünfzehn Kilo zusätzlich zum Rucksack sind doch etwas übertrieben schwer, besonders beim Anheben.

Doch wozu hat man denn vor der Pensionierung in einer Abteilung gearbeitet, in der das systematische Konstruieren zum Alltag gehörte. Zwei Rollen dranmachen und nachziehen wäre eine Lösung. Mit einem Seil um die Schultern, dann könnte man auch den Rucksack auflegen, gut festgebunden wegen der Schräge.

Der Listenreiche zweifelt dann doch ein bisschen an seinen Konstruktionsplänen. Wird wohl an der Sonne liegen, die ihm heute schon ordentlich auf die Birne brennt. Somit bleibt das schöne Gartentor weiter im Besitz der Schule und der verhinderte Chefkonstrukteur besinnt sich auf das wichtigere Studium, nämlich das der griechischen Landkarte.

Abschließend muss er nochmals zurück zum abendlichen Aussichtsplatz. Ein herrlicher Duft und morgendliche frische Farben durchströmen Geist und Sinne. Ikarus müsste man sein, um über dieses schöne Achaia zu schweben. Zehn Uhr, höchste Zeit die Träumereien einzustellen. Alles wird noch geknipst und dann geht es steil bergauf. Man mag der Markierung so gar nicht Glauben schenken. Wieder keine Menschen und Tiere weit und breit. Am Steilhang ein einzelner Baum, den schon der Herr Hirner als Wegweiser und vielleicht auch als Schattenspender benutzt hat. Ich überlege bereits, ob das lange Beinkleid, die Stutzen, darunter die Socken und darüber die echt ledernen Bergschuhe nicht doch ein etwas übertriebener Schutz vor giftigen Tieren und stechender Sonne sein könnten.

Ein Zitronenfalter gesellt sich zu mir und scheint auch ein bisschen zu studieren. Er schaut auf den Baum. Es ist ein wilder Birnbaum.

Gewünscht hätte er sich wahrscheinlich einen Zitronenbaum mit Früchten daran. Wie sollte er sonst seiner Hauptarbeit, nämlich dem Zitronen falten, nachgehen können?

Dieser kleine Gag wurde von Andrea, der Kulturexpertin, bei meiner ersten Peloponnes-Reise gerne erzählt. Immer dann, wenn sie den Weg zu einem altertümlichen Gemäuer oder Steinhaufen nicht gleich fand. Ganz unschuldig meinte sie dann, weil der Zitronenfalter auch keine Zitronen falten könne, sollte das mit der Kultur-Reiseleiterin auch nicht so wörtlich genommen werden. Daran erkannte man sofort die geerbten Gene ihrer Eltern: Ein griechisches Schlitzohr als Vater und die Mutter eine deutsche Analytikerin.

Die Entscheidung des süßen Zitronenfalters wieder davon zu flattern, half auch mir weiter aufwärts zu wandern.

Hier auf einer Höhe von schätzungsweise tausend Meter brennt die Sonne erbarmungslos auf den transpirierenden Wanderer nieder. Er wird sich das für ewig merken, dass auch in dieser Höhe keine Kühlung zu erwarten ist, jedenfalls nicht im August.

Krinofita heißt das nächste Ziel an diesem Tag. Noch immer geht es aufwärts, aber nicht mehr so steil. Ein Rastplatz für das Essen und die Mittagsruhe war nicht leicht zu finden. Schattig und weich war die Mindestforderung. Gute Aussicht, keine Fliegen, Stille und keine falschen Gerüche sind weitere Wünsche. Selbstverständlich sollten auch beim Mittagsschlaf keine Schlangen in das Beinkleid kriechen!

Was könnten die Folgen so eines Schlangenbisses sein? Herzanfall mit anschließendem Stillstand? Dazwischen natürlich einige filmreife Zuckungen, die sofort von den Geiern erspäht werden und die das Ende des unfreiwilligen Nervenbündels kaum mehr erwarten können. Es hilft nichts, das Vertrauen in den Schöpfer ist bei so einer Wanderung das Wichtigste. Schließlich bewegt man sich ja auf dem Ergebnis dieser Sieben-Tage-Arbeit, von dem es immer wieder heißt: „... *und er sah, dass es gut war.*"

Auch ich sah nach der Mittagsruhe, dass alles gut war. Keine Bisse und Stiche, weder von Tieren, noch von der Sonne. Ausgeruht, satt und mit Wasser volltrunken geht es weiter, immer der Markierung folgend. Nach gut einer Stunde, mit dem Tempo einer Schildkröte nimmt die Sonnenkraft ab und die Wolken mehren sich.

Das leicht abfallende Gelände erhöht wieder meine Durchschnittsgeschwindigkeit. Die Vegetation wird üppiger und somit sind auch wieder Ziegenherden anzutreffen.

Vor allem Unterstände erblickt der Weitwanderer, der plötzlich im Regen steht. Ein paar Minuten lang bietet dieser eine prickelnde Abkühlung, auf Dauer ist er jedenfalls nicht das Richtige für den Rucksack und die darüber hängende Wolldecke.

Dazu kommen jetzt auch noch kleine Hagelkörner vom gerade hochgelobten Schöpfer angeflogen. Das würde selbst einem Kopf mit der Haarpracht eines Hochlandrindes zu viel werden. Also hinein in den Ziegenstall.

So schnell wie es begann, ist das Wetterspektakel auch wieder vorbei. Jedoch aus dem schutzsuchenden Wanderer wurde ... Simsalabim ... ein stinkender Ziegenbock!

Weiter geht es mit besonderer Vorsicht durch den angrenzenden Wald. Speziell auf die Markierung ist zu achten sowie auf die niedrigen Gewächse, die dem Unvorsichtigen eine Bauch- oder Nasenlandung garantieren.

Und immer noch geht es weiter bergab, immer dichter wird der Wald. Die Orientierung ist verloren gegangen. Leicht betäubt durch die frisch erworbene animalische Unterstandsduftnote habe ich wohl zwischendurch mal geschlafen! Oder haben etwa ein paar Waldameisen an der Farbmarkierung geleckt? Das kann nicht nur allein meine Schuld sein! Vielleicht ist bei den griechischen Markierern ein Streit über die weitere Zuständigkeit ausgebrochen. Ich nähere mich nämlich dem Eck, wo Achaia, Korinthia und Arkadia zusammenkommen. Wäre doch wohl die salomonistischste Lösung keine Markierung anzubringen, bevor sich Leute aus allen drei Bundesländern in die Haare kriegen. Diesen phlegmatischen Brüdern wäre so eine Variante durchaus zuzutrauen. Gut, dass der Tag noch nicht sehr fortgeschritten ist. Ohne Kompass und GPS sucht es sich verdammt hart. Nach Überquerung von vielen Hindernissen, wie Zäunen, Hügeln und großen Steinen, endlich an einer Lichtung ein Lichtblick: das muss Krinofita sein!

Achaia, Argolis, Lakonien, Messenien, Elis, Korinth und Arkadien sind in der Schönheit annähernd vergleichbar mit den Salzburger Gauen wie Flachgau, Tennengau, Pinzgau, Pongau und Lungau. Warum nur annähernd? Nur weil wir keine Tempeln, keine archaische Tradition und kein azurblaues Meer haben? Keine so überwältigenden Sonnenuntergänge und viel weniger laue, sternenklare Nächte? Wo ist der Mond größer? In Arkadien nach zwei Gläsern Retsina oder im Lungau nach zwei Halbe Bier?

Krinofita

Momentan befindet sich der Flachgauer auf dem Weg von Achaia nach Korinthia und Arkadia.

Dort, wo sich diese drei treffen, sozusagen am Drei-Länder-Eck, geht auch der Weitwanderweg vorbei. Und da ist Krinofita, ein kleiner Ort. Der Herr Hirner meint es sei nicht besonders schön dort und aus einigen Häusern fliege der Abfall einfach ins Gelände, wo dieser dann schön langsam zu Kompost wird. Die Bewohner von Krinofita betreiben folglich mit ihrer Art der Entsorgung die perfekte Kreislaufwirtschaft. Recht hat er, auch heute, viele Jahre nach Entstehung seines Buches, liegt immer noch ziemlich viel Dreck im Freien. Genau dort, wo man in den Ort hineinwandert! Wahrscheinlich war der Zeitpunkt meiner Einwanderung gerade günstig, es flogen mir keine Küchenabfälle um die Ohren. Auch keine sonstigen Gegenstände bedrohlicher Art.

Die Taverne von Krinofita entpuppt sich als recht ergiebig. Gut geeignet, den Tag kalorienreich fortzuführen. Es gab Brathendl mit Pommes und Salat. Der Wirt meinte wohl einen Piefke füttern zu müssen. Auch ein Cola, eiskalt, wurde dazu serviert. Der Besucher aus dem fernen Österreich aß natürlich alles brav auf, um die Abfallberge im Ort nicht noch mehr zu erhöhen. Nach der traditionellen Kirchenbesichtigung und einem Rundgang wurde der Ortsausgang gesucht und gefunden. Ist ja nicht immer einfach, denn viele Wege führen nach Rom, nur einer in das nächste Dorf mit Namen Lykuria. Wenn alles klappt, soll es heute noch erreicht werden, um zu übernachten. Was könnte denn nicht klappen? Jede Menge! Einige Seiten könnten damit voll werden:

- der oder die Haxen gehen kaputt, ich komme nur mehr robbend voran,
- durch die Hitze brennt meine Hirnsicherung durch und ich irre stundenlang im Kreis herum,
- ich werde von einem Skorpion oder einem sonstigen Giftspritzer ins Jenseits befördert. Das wäre nicht übermäßig schlimm, denn wie es so schön heißt: *„Die Lücke, die wir hinterlassen, ersetzt uns vollkommen"*.

Wer ist der ursprüngliche Verfasser dieses weisen Spruches? Dieser möge mir den Diebstahl verzeihen, aber er ist so durchschlagend, dass er wirklich gut für die Ewigkeit passt.

Die Realität schaut ganz banal aus. Mein Reiseführer sagt: *„Von der Platia geht es durch das Dorf bis zu den Häusern am rechten oberen Rand. Dort zweigt ein Steinpfad nach rechts ab (ein anderer führt weiter nach oben). In ungefähr 20 Minuten erreichen wir eine Kapelle bei einer großen Eiche.*

Hier gabelt sich der Weg: wir gehen links aufwärts. Der Weg ist gut ersichtlich und eindeutig…".

Alles scheint klar! Nur wenn die 20 Minuten nicht ganz so passen und die Eiche von weitem mit einem anderen Baum verwechselt wird und wenn aus einem Steinpfad nach 15 Jahren ein anderer Weg geworden ist vergeht schon wieder eine Stunde ohne Weiterkommen.

Zurück zum Ortsende und nochmals alles von vorne. Plötzlich spüre ich Regentropfen, die auf meine erhitzte Birne klopfen! Fühlt sich schon sehr wohltuend an. Sonne und gleichzeitig Regen? Vielleicht die Gischt eines versteckten Wasserfalles, der nicht im Wanderbuch vermerkt ist? Beim suchenden Blick nach oben kommt Klarheit auf.

Im ersten Stock, am Freiluftbalkon eines Rohbaus, steht eine Knirpsen-Armee bewaffnet mit Pfeil und Bogen und einigen Spielzeugpistolen. Sie beginnen einen Krieg gegen den ins Dorf eingedrungenen Österreicher. Die Armee kämpft hauptsächlich mit Wasserpistolen, mit Kriegsgeheul, Gespött und viel Gelächter.

Ich verstehe kein Wort, trotzdem, es ist klar, die machen sich über mich lustig und beschießen mich aus vollen Rohren. Was bleibt übrig, als in Deckung zu gehen, die Hände hoch zu nehmen und um Hilfe zu rufen, obwohl mir die Abkühlung sehr willkommen ist.

Nun beginnt der Spaß erst so richtig. Die Meute von sechs Kriegshelden, zwischen vier und dreizehn Jahren, kommt vom Rohbau die Freilufttreppe herab gerannt und feuert munter mit den Wasserwerfern auf den Wehrlosen. Wir lachen jetzt um die Wette, denn so lebensbedrohlich ist das Ganze ja doch nicht! Als Gegenwehr hole ich meinen Waschschlegel hervor und versuche die Meute unernst zu bedrohen. Nach einem doch recht ungleichen Waffengang ergibt sich die österreichische Ein-Mann-Armee relativ bald und es gibt Friedensverhandlungen in Englisch. Auch hier gewinnt wieder die Kinderarmee, ihr Englisch ist eindeutig besser.

Wie üblich muss ich Rede und Antwort stehen, was ich hier tue und hier zu suchen habe. Gesucht hätte ich Lykuria, gefunden habe ich eine Privatarmee, die mich nun auf das Revier zu diversen Eltern führt. Und wieder gibt es mit Hilfe meines Wanderbuches und einer Landkarte eine langes Palaver bei Kaffee und Keksen. Diesmal sogar dreisprachig, da einer der Erwachsenen ein paar Worte in Deutsch kann. Inzwischen tröpfelt es draußen wirklich vom Himmel. Somit muss ich wieder fragen, wo ich die Nacht verbringen könnte. In rustikaler Form natürlich, so wie es mir Friederike auf den Zettel geschrieben hat: „thelo kataskino, ine en daxi". Im Kauderwelsch von Englisch, Griechisch und Deutsch wird klar, dass ich wieder mal in einem Rohbau übernachten kann.

Es regnet in der Zwischenzeit stärker, also kann mir niemand den Zeltaufbau bei Nässe zumuten.

Trotz der Vorstellungsrunde, welcher Opa zu welchem Enkelkind oder zu welchem Bruder die Schwester des Vaters vom kleinsten Sprössling gehört, bleibt es für mich weiterhin undurchschaubar. Schließlich sind zur Verwandtschaft auch noch einige Nachbarn dazugekommen, die alle den Austrianer ein wenig begutachten und bedauern müssen. Gedacht haben sie vermutlich einheitlich, der wäre in der Klapsmühle besser aufgehoben, obwohl er für ein oder zwei Nächte im Rohbau auch nicht allzu viel anstellen kann.

Die Kinderarmee hat den Namen „Mafia Group" bekommen und ist richtig stolz darüber. Vor allem eine, zunächst undurchschaubare Gestalt. Sie hat eine so große dunkle Kappe auf dem Kopf und eine ebenso große schwarze Brille, so dass man nicht gleich erkennt, ob Mädchen oder Junge, ob Mafia-Boss oder Vollstrecker. Die pechschwarzen Haare dieses jungen, menschlichen Wesens, hängen wild um den Kopf. Ab und zu streicht es sich eine Strähne aus dem Gesicht. Erst als es beide Hände nicht mehr in Schussposition hält und diese frei sind, schüttelt es lässig den ganzen Haarschopf nach hinten und ein „Bild" von einem griechischen Mädchen erscheint. Die Augen rabenschwarz, ein gerades Näschen, Zähne so weiß wie in der Werbung, volle Lippen und das Kinn etwas kantig. Ein wenig wie die berühmte Schauspielerin Irene Papas in einem Film als Malerin auf Santorini. Ich bin berührt von so viel kindlicher, natürlicher Schönheit. Sie zeigt diese in bereits jugendlicher Coolness.

Es ist Kriegsende und die sechs Helden gehörten meiner Meinung nach alle hinter Schloss und Riegel. Mit einer einzigen Ausnahme. Die kleine schießwütige Lady, die würde ich glatt begnadigen. Sechs gegen einen, das war doch wirklich nicht fair. Zu guter Letzt haben wir aber alle Frieden geschlossen und sie zeigen mir als reuige Geste mein heutiges Nachtquartier. Das Erdgeschoß des **** Rohbaus ist vollgestopft mit Leitern, Sand, Zement und verschiedenem Maurerwerkzeug.

Zum zweiten Stock hinauf führt ein wackeliges Holzgerüst. Das sieht eher halsbrecherisch aus. Folglich darf ich mir im ersten Stock mein Zimmer aussuchen. Es wird eines mit Aussicht in den Hinterhof. Somit bin ich auch gut geschützt vor einem eventuellen, nächtlichen Angriff der Mafia-Gang. Vorne hinaus, auf dem ungesicherten Balkon, wird abschließend auch noch geschossen. Natürlich nur mehr eine große Anzahl Fotos von der sechsköpfigen Gang inklusive der kleinen Bandenchefin „Maria".

Jetzt, bevor die Dunkelheit hereinbricht, noch eine schnelle Zimmervisite. Im späteren Wohnzimmer der Familie erblicke ich in einem Eck eine Styropor- Platte, cirka fünf Zentimeter dick. Die muss ich natürlich sofort haben.

Mit einem halben Meter Breite eignet sie sich einwandfrei als Unterlage. Langt auch für einige Wenden hin und zurück. Gegenüber im anderen Eck da kauert etwas und es bewegt sich. Na so was, da hockt doch tatsächlich eine Henne und brütet! Im Wohnzimmer!

Ob sich das Ei für das Frühstück noch ausgeht? Ansonsten passt alles. Auch keine Zugluft für das empfindliche, kahle Touristenköpfchen.

Jetzt ist noch Zeit, die kleine Maria und ihren etwas älteren Bruder auf ein Eis einzuladen. In welche Kneipe bestimmen die beiden. Aus dem Eis wird jedoch eine Limonade und der Spender genehmigt sich ein Bier. Natürlich saukalt wie immer.

Zelebration heißt das Zauberwort der Einwohner hier für den heutigen Abend. Alle zehn Minuten reden sie davon. Natürlich sollte auch ich mitkommen. Auf meine Frage hin, welche Musik gespielt werde, können sie mir nicht so recht Antwort geben, auch nicht welchen Tänzen man da huldigt. Dann ist es doch besser, auch mal „ochi", nein danke zu sagen.

Ums finster werden bin ich noch bei den Nachbarn eingeladen. Eine abenteuerliche Familie, ebenso abenteuerlich das Haus. Am aufregendsten jedoch, die Frau dieses Hauses. Schwarzhaarig, nicht allzu schlank und trotz ihres schwarzen, überhängenden Kleides merkt man(n) sofort die darunter versteckte, großzügig geformte Weiblichkeit. Total appetitlich - auch das Abendessen. Eine Cousine dieser zum Anbeißen verlockenden Hausfrau lebt in der Schweiz. Ob sich da vielleicht einmal ein Besuch beim Austrianer ergibt?

Als Abschiedsgeschenk erhalte ich noch je ein Plastiksackerl Äpfel und Birnen. Das ist zwar gut gemeint, nur beim Wandern habe ich schon seit langem keine freie Hand mehr. Also noch etwas außen auf den Rucksack hängen, bis wieder alles reißt? Morgen findet sich sicher eine Lösung.

Heute Nacht, es ist jetzt fast 22 Uhr, hat sich das Programm der Einwohner geändert. Keine Zelebration, sondern ein Grillabend bei Marias Großfamilie im Garten. Das ganze Dorf hilft mit, Lampions, Musik und Kocher herzurichten. Auch die etwas reduzierte „Mafia-Group" ist jetzt friedlich und verdient sich das Abendessen mit nun ganz normalen Handgriffen. Wenigstens gibt es heute keine Nudelsuppe mit Weißwein. Wohl aber wieder eiskaltes Bier, dazu Gemüse und ein totes Tier. Gemütlich ist es derzeit noch nicht. Ich muss sehr aufpassen:

1. was die Leute zu mir sagen und dazu auch noch mehr oder weniger gescheite Antworten geben,
2. dass ich nicht wieder besoffen nach Hause wackle,
3. ich den Rohbau finde, samt ersten Stock und
4. ich nicht versehentlich zur vollbusigen Nachbarin renne und der Ehemann

mir eine über die Birne zieht. Für einige Tage müßte ich das Wandern vergessen!

So ein Grillabend in der Fremde kann also sehr anstrengend sein. Erst nach Mitternacht wird es ruhiger und meine freundlichen Gastgeber sind mit den wichtigsten Antworten versorgt. Allerdings nicht immer mit der reinen Wahrheit, denn zu so später Stunde plappert der Gast einfach nur mehr das, was er so halbwegs mehrsprachig hervorbringt. Nachkontrollieren kann es sowieso keiner.

Die kleine wilde Mafia-Lady liegt in den Armen der Mama und schläft. So etwas hätte sich der „Xeno"[1] auch gewünscht. Als nächstes weist Marias Opa Ermüdungserscheinungen auf. Vielleicht vom Tänzchen, das er vor einer Stunde gekonnt um das Feuer hinlegte. Es erinnerte mich an den Film „Mediterraneo", wo um das Jahr 1941 auch so ähnlich getanzt wurde. Zu dieser Zeit war der Opa sicher ganz „in" mit seiner kreisenden Kunst. Heute Nacht war die Zustimmung eher auf der Seite der Vierzig-plus-jährigen. Die Musik war auch nicht dazu angetan, dem Opa nachzueifern. Das Rembetiko geht nicht besonders ins Ohr und noch weniger in die Wadeln. Also sitzen alle nur herum und genießen das Mahl und besonders den Alkohol.

„Das Rembetiko, Mehrzahl Rembetika ist ein griechischer Musikstil, der aus den Volksmusiktraditionen Griechenlands und der sich zu Beginn des 20. Jahrhunderts in den Städten Athen, Piräus und Thessaloniki bildenden Subkulturen hervorgegangen ist. Das Rembetiko wird oft auch als der „griechische Blues" bezeichnet, weil die Texte ähnlich wie im Blues von den alltäglichen Sorgen und Erfahrungen der einfachen Leute handeln."[2]

Das Bier ist immer noch so kalt, dass ich eigentlich dauernd rülpsen müsste. Ich werde es im Rohbau nachholen, sofern ich es noch schaffe ihn zu erklimmen, denn die Anzahl der Biere lässt schon wieder Schlimmes befürchten. Es ist zwei Uhr und dem Opa scheint es fad zu werden. Er verabschiedet sich von seinen Nachkommen und von mir. Auch ich nutze sofort die Gelegenheit zum Aufbruch und deute an, dass die älteren Herrschaften, Opa und Xeno, müde sind. Der eine vom Tanzen, der andere vom Wandern, vom Krieg führen und schließlich vom Bier. Der Heimweg verläuft ganz passabel. Eigentlich heißt das: vergeht, denn vom Laufen kann keine Rede mehr sein.

Samstag, 25. August, 9 Uhr. Es ist wieder ein sonniger Tag und … ohne dass der Hirnkasten dröhnt. Nur ein wenig brummt er, das ist aber bald vergessen. Die Großfamilie, die Nachbarn, keiner ist zu sehen. Das ermöglicht einen leichten Abgang. Gefrühstückt wird erst am nächsten Hügel. Diesmal ist es der Richtige. Auch die Markierung ist wieder „endaxi".

---

1) Fremde
2) http://de.wikipedia.org/wiki/Rembetiko

Nur das Gewicht des ganzen Krams ist heute enorm.

Die zusätzlichen Äpfel und Birnen drücken, aber auch die schönen Erinnerungen an den Vortag. Signome lieber Pantokrator, da hat es mich gefühlsmäßig ganz schön erwischt. Die wilde Figur der Nachbarin beschäftigt meine Gedanken den ganzen Tag. Es bestätigt wieder meinen Leitspruch:

„Nur wo du zu Fuß warst, bist du auch wirklich gewesen", das wusste auch schon Johann Wolfgang von Goethe.

Der heutige Tag bringt ein paar nette, tierische Begegnungen. Die erste ist eine Schildkröte auf dem schmalen „monopati". Eine echte griechische Landschildkröte, von der man weiß, dass ihre Familie bereits seit zirka 250 Millionen Jahren auf unserer Erde lebt. Das schöne Tier erinnert mich sofort an einen Film über die Umsiedelung von Schildkröten in der Gegend des Olymps. Aus der Sicht einer süßen, weiblichen Schildkröte namens „Helena" wird diese Rettungsaktion beschrieben. Rettung vor einem gnadenlosen Straßenbau, bei dem schon einige der Tiere getötet wurden, nur weil sich so manche Griechen keine Zeit genommen haben, sich auch mal Gedanken zu machen über die Fauna und Flora ihres Landes. Ein deutscher Tierarzt und seine weibliche Begleitung, sie ist sozusagen Tierkrankenschwester, sammeln alte und junge Schildkröten rund um die neue Straße ein und setzen sie zwanzig Kilometer weiter weg wieder aus. Die kranken und verletzten Tiere werden stationär behandelt. Und „Helena" erzählt, wie es ihr in der neuen Umgebung gefällt. Auch umgekehrt erfährt man, wie es den Katzen, Hunden und Schlangen mit ihr ergeht.

In meinem schlauen Wanderbüchlein, ist der weitere Weg nach der Kapelle so zu lesen: *„Wir gehen links aufwärts. Der Weg ist gut ersichtlich und eindeutig. Er quert den Hang südöstlich bis zu einem Pass auf annähernd 1.000 m Höhe. Zwei Ikonostasen[3], die man schon von weitem erkennen kann, markieren den Pass. Kurz vorher ist er ziemlich mit Steineichengesträuch verwachsen, zur Freude derer, die mit kurzen Hosen unterwegs sind. Aber nach fünf Minuten ist auch das vorbei. 1 ¼ Stunden, haben wir von Krinofita hier herauf gebraucht."*

Unsereiner braucht natürlich wieder etwas länger, aber das ist ja egal, denn die Landschaft ist auch hier einfach faszinierend und abwechslungsreich. Kleine Wäldchen noch im unteren Teil, weiter oben übergehend in Buschwerk und Almwiesen mit kurzem, saftigem Grün. Irgendwie schaut das Gebiet beweidet aus, aber von wem ist nicht ersichtlich.

Endlich ist der Pass geschafft und eine Rast ist jetzt hochverdient. Vorher wird noch die Fast-Rundumsicht genossen, dann erst das Mittagessen.

Als Nachspeise natürlich Äpfel und Birnen.

---

3) Bildstöcke

Die Hitze hat ein bisschen abgenommen und ich lege mich also direkt auf der Kuppe in das Gras. Gibt es denn was Schöneres? Ja natürlich! Dieses Plätzchen mit der vollbusigen Griechin von gestern zu teilen. Das Leben kann manchmal sehr hart sein.

Während er so dahinträumt, mehr schlafend als wach, wird er von einem Rascheln im Buschwerk aufgeschreckt. Ein Bär oder ein Wolf? Oder vielleicht wieder so einer mit Flinte?

Hervor kommen zwei schwarze Kälber, ihnen nachfolgend ein Hirte und ein Pferd. Hirte und Pferd haben ziemlich die gleiche dunkelbraune Hautfarbe. Fesch sind sie anzuschauen. Das Gewand des Hirten: typisch griechisches Hirtendesign, keinesfalls von Lagerfeld oder Versace. Das macht aber gar nichts, im Gegenteil. Es ist wahrlich gut für das Foto, wofür sich Mann und Ross bereitwillig ins Gelände stellen. Leider gar zu militärisch, sehr schade. Dann führt er die zwei Kälber ins naheliegende Gebüsch. Wegen des Schattens oder gibt es dort was zu knabbern? Schön wäre, wenn die Jungviecher schon Milch geben würden. Noch schöner, wenn man ihnen statt normaler Milch gleich Sojamilch abzapfen könnte. Die ideale Flüssigkeit für makrobiotische Weitwanderer. Eine Marktlücke, worüber aber die verehrten Gentechniker sicher bald nachdenken werden.

Auf der Anhöhe ist es urgemütlich und keiner will so recht weiter. Weder Kälber noch Austrianer. Nur der Hirte mit dem Pferd ist längst außer Sichtweite.

Noch nicht in Sichtweite ist das heute angepeilte Dorf Lykuria. Der Weg dorthin, vom Hirner diesmal gut beschrieben, ist leicht erkennbar. Jedoch die Lust, hier in dieser romantischen, weitläufigen Landschaft einen Schlafplatz zu suchen ist groß. So groß, dass vorübergehend wieder mal fast der Vorsatz vergessen wird, der da heißt: zelten nur in der Nähe eines Dorfes. In der Ferne sieht man ein paar Hirtenunterstände. Auch dahin zieht es den Träumer. Ja, warum denn nicht da übernachten? Aber was tun, wenn spät abends der Hirte mit seiner Truppe daherkommt und seine Hütte besetzt vorfindet? Wahrscheinlich wird er den ungebetenen Gast bestimmt und eher unhöflich hinaus schmeißen und seine Hunde werden noch nachhelfen, den Abend ungemütlich enden zu lassen.

Es muss wohl sein. Auf Wiedersehen! Es fällt schwer dieses schöne Plätzchen am Pass zu verlassen. Der Weg schlängelt sich jetzt einen Hang entlang, leicht abwärts, immer noch einer Almlandschaft ähnlich, ohne die dazugehörigen Tiere. Die können doch nicht alle versteckt sein, wie die zwei Kälber von vorhin. Man hört auch kein Gemecker, keine Glocken, nichts. Seltsam.

Lykuria

Es geht weiter bergab und dann ist endlich der Ort in Sicht. Aus der Ferne hübsch anzusehen, jedoch aus der Nähe betrachtet doch nicht so attraktiv. Wieder sind zuallererst ein paar Tiere zur Begrüßung da. Drei Ziegen, die das erste Haus am Ortseingang streng bewachen. Immerhin hat Lykuria eine Platia mit einer ansehnlichen Kirche und einigen Lokalen. Ein bisschen Proviant wird zugekauft, wer weiß was die nächsten Dörfer anzubieten haben. Anschließend geht es auf Herbergsuche. Beim Durchgehen fällt leider so oft in diesen Dörfern auf, dass statt der typisch griechischen Tavernen moderne, cleane Lokale geschaffen werden. Einfach scheußlich – nichts wie weg. Der am Ortsausgang sich darbietende, urige Kleinbauernhof schafft meinen Augen wieder Wohlbefinden.

Zwischendurch sollte ich mir einmal die Frage stellen, ob ich mich schon selbst verwirklicht habe. Würde ja saublöd ausschauen, wenn mich die Jakobspilger, die Via-Nova-Geher und ähnliche Typen, daheim neugierig danach fragen. Ich müsste womöglich zugeben, dass ich das glatt vergessen habe, weil die Gegend so großartig war. Noch schlimmer wäre, wenn ich gar nicht kapiert hätte, wie das eigentlich geht. Hätte ich am Ende doch noch ein paar New Age- und Psychologie- schmöker mitnehmen sollen? Besser wär es gewesen, diese schon vor Reiseantritt gelesen zu haben, damit beim Wandern ja nichts mehr daneben geht. Mein lieber Pantokrator, wie oft bin ich schon danebengegangen. Das dürfte es also nicht sein, sonst wäre ich schon längst verwirklicht. Ich hätte auch gar nicht hierherfahren müssen.

Was geschah in der Moussaka-Nacht? Fand da eventuell schon eine Verwirli- chung statt? Eine Möglichkeit es herauszufinden wäre: ein Psychologe liest diesen Reisebericht und sagt mir dann, auf welcher Seite die Verwirklichung stattfand. Das kostet mich wahrscheinlich zwei bis drei Monatsgehälter, aber ungleich tragi- scher wäre es, dies niemals zu erkennen.

Zurück zum Ortsausgang. Das Feld des Bauern hat eine Größe von ungefähr 50 mal 20 Meter. Ich erblicke darauf einige Bäume, ein bisschen Gemüse, natürlich Kleinvieh, einen Hund und Bauer samt Frau. Ähnliches hatte ich schon. Hier ist allerdings die Ortsnähe größer. Der Waschraum, ein Ziehbrunnen im Garten, schaut auch sehr verheißungsvoll aus. Also, wie schon gelernt, freundlich über den Zaun lächeln, deuten und mit Friederikes Schwindelzettel anrücken. Es klappt wie am Schnürchen. Beide kommen mir sofort entgegen. Ich glaube sogar sie freuen sich, einen so kuriosen Wanderer einquartieren zu dürfen.

Von der Frau Bäuerin werde ich mit frischgepflückten Feigen bewirtet, Herr Bauer bringt mir sogar noch seine Leiter und lässt mich auf den höchsten seiner

Feigenbäume hinaufklettern. Vorsichtshalber nehme ich die allerletzte Stufe nicht mehr. Das Himmelreich wäre zwar nahe, aber der Boden dafür umso weiter entfernt. Das Wasser vom Brunnen ist ebenfalls herrlich. Ich bräuchte heute keine Taverne mehr, so viel habe ich gesoffen. Ich hoffe, es verträgt sich mit den Feigen. Dennoch versuche ich den Bauer in eine Taverne seiner Wahl einzuladen und habe Glück. Er setzt sich zu mir und wiederum hilft mir beim Geschwätz das Buch vom Hirner. Dazu kommen wie immer auch noch Freunde plus neugierige Nachbarn. Ein Fremder im Dorf, so was spricht sich schnell herum.

An seinem Lächeln erkenne ich ein paar Mal, wie sehr er sich über seinen Gast freut. Ich mich auch über ihn. Er ist so ein netter Bursche, etwa in meinem biblischen Alter. Öfters verschwindet er mal auf die Toilette und zeigt mir nach einigen Wiederholungen seine Tabletten. Ah, ich verstehe – diskret – er hat es mit der Blase. Auf dem gemeinsamen Heimweg pinkelt er nochmals ins Gelände, was aber dem Übermut und der Freundschaft keinen Abbruch tut. Wir haben schließlich einige Bierchen getrunken. Habe ich mich jetzt ein bisschen verwirklicht?

Trotz des schönen Brunnens verzichte ich auf die nochmalige Wäsche und verdrücke mich ins Zelt. Nach einem relativ gerechten, traumlosen Schlaf bin ich zu einem äußerst reichhaltigen Sonntagsfrühstück mit Bio-Eiern, Feta, hausgebackenem Brot und Obst vom eigenen Garten geladen. Gesättigt und zufrieden verabschiede ich mich von den netten Gastgebern.

Es ist 8 Uhr, sonnig und Sonntag, der 26. August.

„Πηγές Λάδωνας" – Ladon Springs, oder auch Ladona-Quelle genannt, ein lohnenswertes Etappenziel.

Ich blicke noch zurück auf den gestrigen Weg und klopfe mir sodann selber lobend auf die Schultern. Das könnten glatt 500 Höhenmeter gewesen sein vom Pass bis zum Dorf!

Leider endet hier der „monopati" und eine Asphaltstraße führt zum außerhalb liegenden Friedhof von Lykuria. Dieser weist ein paar eigenartige Steinköpfe auf. Die meisten von ihnen haben Oberkörper, andere stehen in voller Größe noch tapfer herum. Natürlich sind es allesamt Kriegshelden mit dicken Schnauzern und fallweise tragen sie auch Mützen auf dem Kopf. Aber die eigenartigsten darunter haben noch zusätzlich eine Brille mit Fassung in weiß oder schwarz. Diese hebt sich wunderschön vom Gesicht ab. Etwas makaber, aber stünde das nicht alles auf einem Friedhof, ich könnte mich totlachen.

Was gibt es heute, außer dem entspringenden Flüsschen Ladon noch zu entdecken? Auf jeden Fall einen uralten Weinstock. Pausanias hat ihn schon in einem seiner Bücher beschrieben.

„Der Weg ist das Ziel!"[1] Und diesen Weg zu entdecken, ist alleine schon ein großes, spannendes Thema.

Okay, Citroen hat mit diesem Spruch ebenfalls Werbung gemacht. Nur stell ich mir die Frage, ob man mit so einer „fahrbaren Kiste" und mit einer landdurchrasenden Geschwindigkeit eine ebensolche spannende, abenteuerliche Reise erfahren kann?

Also, auf geht's zum Ladon.

Die inzwischen schon recht zerknitterte, große Landkarte zeigt mir, er ist nicht mehr weit weg. Nur, wo ist der Ursprung, die Quelle? Dort rasten, aus dem sprudelnden Wasser trinken – dieser Gedanke allein fühlt sich jetzt schon an wie ein Stückchen Himmel. Bald schon weist ein großes Schild darauf hin.

Wieso existiert eigentlich kein Schild „Fischach Springs" am Weg von Seekirchen zum Wallersee? Okay, es ist keine Quelle sondern nur der Abfluss des Sees, aber die Fischach ist mindestens doppelt so breit als der Ladon und beim „Ursprung des Abflusses" kann man super gut segeln und surfen. Ja sogar rudern lernen. Letzteres allerdings nur Freunde von „Eleni", meinem Ruderboot. Griechisch blau lackiert! Eine Schönheit!

Nach kurzer Zeit ist die Ladon-Quelle entdeckt.

„Mystisches Leuchten aus der Tiefe. In hellem Türkis strahlt die Quelle des Ladon-Flusses. Es leuchtet (!) ein, dass dieses Naturschauspiel die alten Griechen zum Fabulieren anregte. So ranken sich nicht wenige Geschichten um diesen mysteriösen Ort am Fuße des Helmos-Gebirges, an dem urplötzlich ein Fluss geboren wird. Pan soll hier der Nymphe Syrinx nachgestellt haben, die leider seine Liebe nicht erwiderte. Als sie den Ladon-Fluss erreichte und Pan schon dicht hinter ihr war, ließ sie sich von Artemis in ein Schilfrohr verwandeln, das Pan statt ihrer umarmte. Daraufhin soll er aus Wut das Schilfrohr in Stücke geschnitten haben – und erfunden war die Panflöte, die übrigens griechisch Syrinx heißt... Am Ladon-Fluss hat Herkules die Hirschkuh von Keryneia überwältigt, die Göttin Demeter wusch sich in der Ladon-Quelle rein, nachdem Poseidon sie geschwängert hatte.... Die Mythologie hält noch weitere Geschichten bereit.

Die Quelle ist auf den meisten guten Peloponnes-Karten eingezeichnet. Sie liegt nicht weit von der Straße, die von Vlachérna nach Kalávrita führt. Kurz hinter dem Örtchen Sellá zweigt eine Straße ab, die nach Likoúria und Feneós führt. Man kann die Quelle schnell übersehen, weil sie unter Platanen versteckt ist. Am Straßenrand steht ein griechisches Schild „Πηγές Λάδωνας."[2]

---

1) Konfuzius
2) http://www.argolis.de/ladon_quelle.htm

Der kleine Abstecher lohnt sich wirklich. Die Quelle sieht aus wie ein großer Teich. Eine mit vielen Sträuchern und Büschen verwachsene, natürlich entstandene Form. Kein Landschaftsplaner, kein Gartenarchitekt würde das je so fertig bringen. Mutter Natur macht das ganz alleine.

Dort wo es am meisten sprudelt, scheint auch gerade die Sonne hinein und das Wasser strahlt mir in hellem Türkis entgegen. Mit meinen Händen mache ich eine kleine Schüssel und voller Ehrfurcht trinke ich von dieser Köstlichkeit. Die Rast dauert länger als geplant, denn hier ist wieder einmal ein magischer Ort, wo man gerne über die Schöpfung, den Schöpfer und das Leben grübelt. Aber auch über die Vergänglichkeit, das Älterwerden und die Schattenseiten des Lebens. Das üppige Weib, das mich zurzeit gedanklich begleitet, verwandelt sich bei dieser Meditation am Ladon Springs schnell in ein himmlisches Wesen. Sie liegt in Gedanken neben mir im Gras und ich reiche ihr den eigenen Apfel. Obwohl keine Schlange herumkriecht, geht das Ganze doch in Richtung Verführung. Die kleine Mafia-Lady läuft und hüpft mit ihrem Schießeisen herumalbernd um die Quelle. Ein großartiges Bild, eine perfekte Metamorphose, der Garten Eden.

Die Realität holt den Träumer jedoch viel zu schnell ein. Der Weg führt ihn weiter, einige Kilometer mehr oder weniger nahe am Fluss entlang. Dieser gibt ihm die Gelegenheit, direkt in seinem Wasser zu wandern, was dem bereits stark transpirierenden Körper außerordentlich gut tut. Nach einigen Metern genügt es aber, denn der Ladon wehrt sich gegen den Reisenden, indem auch er zu reißen beginnt. Da jetzt auch noch Stimmen zu hören sind, muss der Nackerte schnell in seine Klamotten schlüpfen. Zu sehen ist noch niemand. Eine schöne, grüne Urlandschaft mit viel Buschwerk und Bäumen schützt vor neugierigen Augen. Auf einer Lichtung mit Sonneneinlaß wärmt sich der Abgekühlte wieder auf und stärkt sich für die nächsten Ereignisse des E4 GR.

Der Zeitpunkt der Stärkung dürfte optimal gewesen sein. Die Stimmen kommen näher, werden aber mehr und mehr von einer Kettensäge übertönt. Werden Fernwanderer neuerdings damit gejagt, um sie dann etwas zerkleinert …? Meine teilweise sehr phantasievollen Gedanken überschlagen sich wieder einmal. Ich bin doch in keinem kannibalischen Land. Außerdem ist heute Sonntag, die Mittagszeit schon längst vorüber und als Nachspeise braucht man auf keinen Fall einen unterzuckerten Makrobioten. Trotzdem, schnell in die Schuhe und das Notwendigste zusammenkratzen.

Zu spät, das Dickicht geht auseinander. Eine Frau bahnt sich den Weg und kommt direkt auf mich zu. Gleich hinter ihr der Ehemann mit der großen Säge. Sie kommt mir lächelnd entgegen, das sagt aber noch gar nichts. Vielleicht sollte ich vor dem „sägensreichen" Abkratzen einfach nur noch für ein paar Minuten etwas Schönes sehen dürfen? Meinen Waschschlegel habe ich jedenfalls bereit, denn kampflos ergebe ich mich nicht.

Ein Gedankenblitz: ich markiere einfach den armen, verirrten Wanderer, rege somit ihr Mitleid an und bringe Mann und Frau dazu, mir helfen zu wollen. Plötzlich fällt mir auch ein, dass ich heute nicht in der Kirche war! Sind meine Angstgedanken also eine Strafe des „Allumfassenden Pantokrators"? Ich bleibe bei der Mitleidsmasche und ziehe schnell meinen Reiseführer samt der Landkarte hervor. Ich lächle sie schüchtern an und mein Trick scheint aufzugehen. Und siehe da, sie kann auch ein paar Brocken Deutsch. Ich deute fragend auf die Bäume und Sträucher und versuche dabei das ratternde Geräusch der Kettensäge nachzumachen, was bei meinem zittrigen Zustand sogar einigermaßen gut gelingt. Sie antwortet darauf „ne", was auf Griechisch „ja" heißt.

Nun kommt auch der Säger herbei. Endlich stellt er sein Mordwerkzeug ab. Auf Anweisung seiner Frau legt er sogar die Säge auf den Boden. Sie hat möglicherweise durch meinen erneut stark verschwitzten Körper erkannt, wie sehr mir die Angst im Nacken sitzt. Nie wieder versäume ich in Griechenland eine Messe. Der Weltenherrscher hat mich wieder einmal verdammt klein und feige gemacht und mir gezeigt, was passieren kann, wenn ich ihn nicht um eine gute Woche bitte. „Signome"!

Das Dreier-Gespräch läuft nicht so rund, wie es sein sollte. Logisch, so kurz nach dem befürchteten Ableben. Ich brauche mehr Luft zum Durchschnaufen als zum Quatschen. Dennoch ergeben sich einige musikalische und landschaftliche Kurzsätze; z. B. über Mozart und Yannis Markopoulos, Salzburg und Korfu. Meine Frage, wohin der Ladon rinnt, wird recht locker mit einer einfachen, richtungsweisenden Handbewegung beantwortet. Die Richtung hätte ich selber auch noch durchschaut, aber auf der Landkarte sehe ich den Verlauf nicht so klar.

Zuerst fließt er in einen kleinen See. Dann schaut es aus, als ob er vom größeren Fluss namens Alphios verschluckt würde. Am Ende muss er dann sein lockeres Mäanderleben aufgeben und sich bei Pyrgos ins Meer ergießen. Vielleicht sollte ich anstatt dauernd herumzurennen, die Schwimmflügerl anschnallen und den Ladon entlang kraulen, vorausgesetzt er legt in der Temperatur ein bisschen zu. Flusswandern! Hört sich doch gut an.

Vormittags wandern, am Nachmittag schwimmen. Der Rucksack müsste halt wasserdicht sein und auch gewisse Schwimmeigenschaften besitzen. Gute oder schlechte Idee? Hm, kommt drauf an für wen! Gut für Mutter Natur, wenn am E4 nicht zu viele Touristen vom Typ des Austrianers herumlatschen. Da erholen sich das Gras, die Büsche und auch der vollgekotzte Garten wieder relativ schnell. Schlecht für die Bewohner, denn ein bisschen Essen und Trinken könnten sie doch zusätzlich verkaufen. Reich kann natürlich bei solchen Knauserern, wie manche Weitwanderer eben sind, niemand werden. Ansonsten hätten die griechischen Brüder sicher links oder rechts vom Weg bereits jede Menge Hotels hin gepflastert, um es den E4-Touristen cool und geil zum Relaxen zu machen.

Das könnte auch die Erklärung für einen mickrigen Internettext sein, mit dem ich mich über den E4 etwas vorinformieren wollte. Ganze eineinhalb Seiten für einen Weg von etwa 2.000 Kilometer. Wer eine solche Kurzbeschreibung liest, könnte meinen, so was läuft man easy auf einmal.

Die Rechnung: 2.000 km : 40 km/Tag = 50 Tage. Also nicht verständlich, dass ein Austrianer so dahinschleichen kann. Der sollte besser zu Hause, innerhalb seiner Asthmatruppe, beim Kartenspielen bleiben.

Wie geht es jetzt aber an Land weiter? Die Markierung hat wieder einmal stark nachgelassen. In diesem feuchten Gebiet kein Wunder. Eine Au-Wanderung wird es wohl werden. Ich bin schon gespannt. Das Säger-Duo ist zurückgeblieben und nichts mehr ist zu hören. Ab und zu ein paar Frösche. Eine besondere Nascherei hat die Natur mir jetzt zu bieten, nämlich jede Menge Himbeeren. Ganz logisch, dass ich dabei noch mehr vom Weg abkomme. Es geht also im Zick-Zack zwischen Dornensträuchern und Feuchtwiesen und am Ende ist überhaupt nicht mehr klar, wo ich bin – wo ist Griechenland!? Beim Zurücksumpfen entdecke ich immer wieder neues Gelände, jedoch keine Spur mehr von einem Weg, geschweige denn von einer Markierung. Alfred Hitchcock lässt grüßen! In meinem Kopf kommt sein Film zum Vorschein, bei dem ein Mann langsam und theatralisch im Moor versinkt. Ganz schön gruselig. Aber gut, dass der Ladon doch noch gelegentlich auftaucht, eine Orientierung muss somit möglich sein. Die Hilfe kommt wie so oft – ganz unverhofft. Keine Glocke vom Hals einer Ziege, auch kein Hirtengesang und kein Gebimmel von einem Kloster. Es ist eine Kuhglocke. Nicht zu glauben, dass es so eine Art von Lebensrettern auch noch gibt. Nichts wie hin, quer durch die Prärie, zur Kuh, und dann heißt es noch ein paar Kilometer auf dem Asphalt laufen. Als Belohnung für die Odyssee gibt es einige ruinenartige Steinhütten am Straßenrand zu sehen. Beinahe so schön wie in Old Perithia auf Korfu.

Zwischendurch gebe ich dem Verlangen meines Körpers nach Stärkung nach. Die letzten Reste stehen auf dem Plan, was sonst, und das im Weitergehen. Gelegentlich treffe ich auch schon Menschen an und ich frage nach dem Weg zum fast 2000jährigen Weinstock.

Ebenfalls noch an der Straße gelegen ein riesiges Heldendenkmal, bei dem es wieder um Krieg geht. Ob Welt- oder Bürgerkrieg ist mir nicht klar geworden.

Nach dem gemachten Foto geht es weiter auf dem Asphalt. Die ersten Sonntagsausflügler, so scheint es, wollen auch zum alten Weinstock.

Natürlich mit der fahrbaren Kiste und der Rucksacktourist wird wie immer milde belächelt. Macht aber nichts – „den pirasi". Im Dorf angekommen, weist eine recht unscheinbare Tafel auf den Weinstock hin, der wirklich ein gigantisches Exemplar ist. Direkt neben dem Weinstock steht eine kleine Kirche, die des Hl. Nikolaos.

Jedoch vor der Besichtigungstour kommt die Herbergstour. Im nächstliegenden Haus sehe ich Bewegung im ersten Stock hinter einem Vorhang. Geduldig warte ich vor dem Haus in der Hoffnung, dass bald jemand herauskommt. Schon hat es geklappt mit der Telepathie und eine ältere Frau kommt heraus, grüßt und fängt gleich an zu plaudern. Logisch, dass ich jedes Wort verstehe. Ich beschränke mich zunächst auf „ne" und „óchi". Dann hilft wieder das gute Buch vom Hirner. Die Griechin lädt mich ins Wohnzimmer im ersten Stock ein und bietet mir einen Eliniko-Kaffee und Wasser dazu an. Wie sich's gehört, erklärt sie mir auch alle Bilder und Fotos an den Wänden. Neun Kinder hat sie, alle erwachsen und aus dem Haus. Eines davon ging nach Amerika und ein anderes nach Australien. Darum hat sie ein wenig die englische Sprache erlernt.

Friederikes Schwindelzettel trägt wieder dazu bei, dass der Zeltplatz schnell festgelegt wird. Direkt neben dem berühmten Weinstock. Die Äste haben Ähnlichkeit mit Riesenschlangen, vielleicht auch ein bisschen mit den Armen von Arni Schwarzenegger. Die meisten verlaufen fast waagrecht, manche davon werden gestützt. Nach 2000 Jahren dürfte das bei Arni auch notwendig sein.

Knorrig braun und noch mit vielen Blättern steht der Baum da, aber leider ohne Früchte. Da haben wohl bereits viele Touristen zugeschlagen. Die leckeren Trauben wären auch für den Weitwanderer eine geeignete Nachspeise gewesen. Erst beim genaueren Betrachten des Weinstocks erkennt man, dass seine Einzigartigkeit nicht aus einem einzigen Hauptstamm besteht, sondern dieser mit einigen anderen Stämmen im Blätterdach verwachsen ist. Alles zusammen eine phantastische Schöpfungstat und ich darf, keine zehn Meter entfernt, auf der Wiese zelten. Ich komme mir vor wie Paulus auf Reisen, nur nicht ganz so katholisch, heilig sowieso nicht.

Der Zeltaufbau geht leicht, denn die Wiese ist so halbwegs eben. Am Hang hinter mir gibt es Terrassenfelder, da könnten früher Getreide oder Wein angebaut worden sein. Heute Abend gibt es kein Bier, weil keine Taverne vorhanden ist. Auch nichts zu futtern, da auch kein Restaurant und schließlich auch kein Tänzchen mangels Disco. Wie präsentiert sich also das Rundherum noch so? Nicht besonders aufregend. Hügelig, mehr Gebüsch als Wald und irgendwie noch immer vom Ladon beeinflusst. Obstbäume, dazwischen Weideland, wenig Olivenbäume dafür viele Steineichen. Diesmal beeindruckt mich einfach nur die Stille und das Gefühl an einem historischen Ort zu sein.

Mein Hirner, er ist ja so praktisch, kennt alle Sträucher und Bäume, auch die entlang des Ladon: Zinnkraut, Knabenkraut, gelbe Schwertlilien und Steineichensträucher hat er gesehen. Ich sehe natürlich auch alles, habe aber durch Unwissenheit nichts erkannt.

Den Weinstock beschreibt der Hirner so:

„Er liegt in einem eingefassten Steineichenhain und ist tatsächlich mehr Baum als Rebstock. Schade, dass es nicht Herbst ist, wir hätten gar so gerne von den Trauben gekostet, die schon die alten Griechen so lobten. Natürlich ist der Weinstock an seinem unteren Ende sehr ausgefranst, aber man würde beide Arme brauchen, wollte man ihn umfassen. Die Ranken haben sich längst über das Dach des ganzen Steineichenhains geschlungen. Unterhalb ist eine Quelle, sodass man an diesem angenehmen Ort gut eine Rast einlegen kann."

Der Zeltler hockt vor seinem Zelt und sinniert so vor sich hin. Vor der Haustür der berühmte Weinstock, rückseitig im ungefährlichen Abstand ein Waldstück, unterhalb verstellen Sträucher den Weitblick und oberhalb ist der Hügel so hoch, dass man nicht sieht, was sich dahinter verbirgt. Also wird wieder nach innen geschaut, wie es zum Beispiel:

• Mit der Selbstverwirklichung ausschaut
• Wie mit dem Liebeskummer
• Mit dem Heim- und Fernweh
• Ob der Magen knurrt und der Durst sich meldet
• Ob die Seele heute einen größeren Schaden davongetragen hat,
   oder nur der Kopf…

Zum Punkt zwei wäre zu erwähnen, dass mir die Gedanken an die schwarze, glutäugige, vollbusige Griechin schon sehr zu schaffen macht. Mit der ließen sich im Zelt ja so allerlei Spielchen machen. Rummy, Kanaster oder Poker…! Aber mein Testosteron angereicherter Körper denkt da eher an erotische Vor-, Haupt- und Nachspiele. Mal ganz ehrlich, welcher Mann träumt denn nicht davon, mit so einer feschen Griechin im kleinen Zelt Küsse und Sonstiges auszutauschen. Der müde Held bringt auf seiner Phantasiereise sogar noch richtig familiäre Gedanken zustande. Im Zelt, zu später Stunde, liegt es sich nach diesen Luftschlössern heute besonders hart auf der nur einen Zentimeter dicken Schaumrolle. Ein letzter Gedanke vor dem ungerechten Schlaf: zwischen Pankrati und Daras ist die Grenze von Achaia zu Arkadien. Wenn der liebe Gott will, kann ich das morgen schon sehen. Ich bitte darum.

Montag, 27. August, Zeltabbau bei schönem Wetter, 7 Uhr

Noch ein Blick in die Kapelle und dann zur Quelle, um frisches Wasser nachzuladen. Dort finde ich ein kleines Faltprospekt in Griechisch. Etwas klebrig vom Wasser nehme ich es trotzdem mit. Friederike wird es zu Hause bestimmt übersetzen. Abgebildet ist natürlich der alte Weinstock. Gut so, für den Fall, die Fotos gehen daneben.

Jetzt aber heißt es weitermarschieren auf dem halbwegs gut markierten Weg in Richtung Pankrati. Eigentlich ist der Weg dorthin gar nicht so weit, nur blöderweise geht er steil bergauf. Als Trost bietet er eine unaufhörlich schöner werdende Landschaft.

Plötzlich jedoch stehe ich wieder auf einer Asphaltstraße. War die Markierung schlecht oder habe ich zu viel in die Luft geschaut? Dennoch ich bin zufrieden. Die Aussicht auf Pankrati zu ist einfach prächtig. Mein Bestreben so schnell wie möglich dort anzukommen, geht jedoch mehr in die physische Richtung. Auf gut Deutsch gesagt, der Magen knurrt – deutlich hörbar. Nun hat Pankrati zwar eine schöne Kirche, aber weder eine Taverne noch ein Kaufhaus. Nach längerem Suchen findet sich ein Laden - und was für einer!

Griechisches Original! Von der Straße zunächst ein paar Stufen hinunter, drinnen ziemlich finster und der Raum keine zwei Meter hoch. Geschirr, Werkzeug, Schreibhefte, Kugelschreiber, Kombolois in allen Varianten. Putzutensilien, Gläser, Handtücher, WC-Rollen. Lauter Gegenstände, die man vor oder nach dem Essen benötigt. Aber bitte, wo ist die Belohnung, also das Essen für die getane Arbeit, vorher und nachher?

Da steht nun der hungrige Tourist in der Mitte des supermodernen Großkaufhauses und hat nach mindestens drei Umdrehungen im Uhrzeigersinn noch immer nichts Kaubares entdeckt. Die Verkäuferin, eine etwa 60-jährige, schwarz gekleidete, rundliche (was denn sonst) Griechin, grinst schon andauernd über den Schauer. Sie hat längst überlauert, was er möchte, lässt ihn aber immer noch zappeln. Tut einfach so, als ob sie keine Ahnung hätte, dass man vom Geländemarsch hungrig werden könnte.

Erst jetzt bemerkt der Verhungernde, ganz im Eck versteckt, ihren Angetrauten beim Mittagessen. Verdammt, der hat doch glatt ein Stück Fleisch, Brot und Tomaten mit Zwiebeln auf dem Teller und schlürft ein Bier dazu. Dabei hätte der es sicher nicht notwendig, er hat das doppelte Gewicht, das der fast schon Sterbende samt seinem Gepäck auf die Waage bringt. Jetzt hat auch sie Erbarmen, wahrscheinlich weil der Kunde bei diesem Anblick vergessen hat, den Mund zuzumachen.

Sie macht es aber nochmals spannend, indem sie mir zwei kleine Doserl mit Fischlein anbietet, jeweils zehn Zentimeter lang und zwei Mal zwei Zentimeter hoch und breit. Eine Menge, die in so einem kritischen Fall mit einem einzigen Schnapper verdrückt ist. Das Ablaufdatum ist deshalb einmal Nebensache. Wenn ich nicht bald etwas habe, ist auch mein Datum abgelaufen. Sie hat noch fünf solche Konservendosen anno 1932, die ich alle haben kann.

Aber dann deutet sie noch auf ihren vollen Ehemann und auf seinen fast leeren Teller. Ich brauche nur noch zu nicken und sie versteht mich. Ein schwaches Lächeln bringe ich auch noch zustande. Es wäre bald das letzte gewesen.

Das große (Fr)essen findet vor dem Laden statt, wo sich noch Platz findet für ein Tischerl und ein paar Sessel. Wegen des eiskalten Colas muss ich wieder aufpassen nicht zu rülpsen. Der Wackelige kommt schön langsam wieder zu Kräften. Zur Ortsbesichtigung bleibt der Rucksack im Laden. Beim Abschied werden noch zwei schöne Kombolois erstanden, er hat jetzt wieder genug Muckis zum Schleppen.

Mit herrlicher Aussicht in die Berglandschaft geht der Weg weiter. Es ist etwa 14 Uhr, bis Daras dürfte es nicht allzu schwierig werden. Ob an der Grenze zu Arkadien ein Schild angebracht ist? Blödsinn, zwischen Flachgau und Tennengau ist ja auch keines.

Der Blick ist wieder einmal leichtsinnig weit nach oben gerichtet, als es auf dem „monopati" verdächtig laut rumpelt. Der erste Schreck ist wieder riesig! Bei dem Abstand zur anderen Menschheit, so auf halbem Weg zwischen den zwei Dörfern, ein dumpfer Rumpler! Das Geräusch kommt von vorne, kurz nach der Biegung des Weges. Zu sehen ist aber noch nichts. Ein großes Tier oder ein Räuber konnte es unmöglich sein. Das Gebüsch ist höchstens einen halben Meter hoch. Für alle Fälle schnell der Griff zum Waschschlegel. Dann wird mit Hochspannung, ehrlich gesagt mit Bauchweh, gewartet.

Es raschelt in der Kurve und dann kommen sie! Gleich zwei hintereinander, im Abstand von 30 cm. Der Hintere hat es etwas eiliger, kommt dem Vorderen immer näher und gleich darauf wieder ein harter Rumpler. Diesmal noch etwas lauter. Der verschreckte Wanderer darf jetzt wirklich laut lachen. Er bleibt ruhig stehen und schaut interessiert zu. Es sind zwei Schildkröten bei Annäherungsversuchen. Die Hintere, ich denke es ist das Männchen, hämmert unentwegt auf die Verehrte weiter, bis diese langsam vom Pfad abkommt und in Richtung Gebüsch zieht. Nach ein paar Minuten ist es geschafft. Beide sind im Gestrüpp verschwunden und haben Hochzeit gefeiert und bestimmt nicht das erste Mal am heutigen Tag.

Arkadien kann auch so beginnen!

Ganz in die Historie versunken, ehrfurchtsvoll, durchwandert er nun sein Sehnsuchtsland, den Blick in die Weite gerichtet, um ja nichts zu übersehen. Manchmal geht auch sein Blick zurück, um Arkadien mit Achaia zu vergleichen. Hier oben ist beides herrlich. Er hockt sich öfters in die Wiese um alles zu genießen und aufzusaugen und vergisst auch nicht, sich dafür „ganz Oben" zu bedanken.

Beim Blick wieder nach vorne, dort wo es leicht abwärts geht, ist die Straße von Kalavrita nach Tripolis zu erkennen. Weit genug weg, um nichts davon zu hören. Von Daras, etwas östlicher gelegen, ist noch nichts zu sehen.

Sonst rundum nur unberührte Natur. Ab und zu ein kleiner Unterstand, einige Steinmauern lose aufgerichtet, dazwischen schmale Wege und mit viel Glück sind mit dem Fernglas einige Ziegen zu erspähen. Kann es sein, dass in Arkadien schon das Paradies auf Erden beginnt?

In diesem Augenblick ist es mir gleichgültig, dass der Profitis Ilias, mein Motivator für diesen Weitwanderweg, noch so weit südlich im Taigethos-Gebirge liegt. Er ist für mich dieses Mal sowieso unerreichbar geworden.

Ich bin beeindruckt von dem imposanten Panorama, das mich umgibt. Vor mir das grüne Menalo-Gebirge, hinter mir der Helmos und etwas seitlich der Kyllini.

Hoppala, der Blick auf die Berge Arkadiens hat mir die Aufmerksamkeit auf meinen Weg genommen. Fast wäre ich auf die Schnauze gefallen.

Der Prophet Elias hatte in Griechenland eine große Bedeutung. Bereits im Alten Testament wird ausführlich über ihn berichtet.

Ein kleiner Auszug aus dem Ersten Buch der Könige:

- *1Kön 19,9 Dort ging er in eine Höhle, um darin zu übernachten. Doch das Wort des Herrn erging an ihn: Was willst du hier, Elija?*
- *1Kön 19,10 Er sagte: Mit leidenschaftlichem Eifer bin ich für den Herrn, den Gott der Heere, eingetreten, weil die Israeliten deinen Bund verlassen, deine Altäre zerstört und deine Propheten mit dem Schwert getötet haben. Ich allein bin übrig geblieben und nun trachten sie auch mir nach dem Leben.*
- *1Kön 19,11 Der Herr antwortete: Komm heraus und stell dich auf den Berg vor den Herrn! Da zog der Herr vorüber: Ein starker, heftiger Sturm, der die Berge zerriss und die Felsen zerbrach, ging dem Herrn voraus. Doch der Herr war nicht im Sturm. Nach dem Sturm kam ein Erdbeben. Doch der Herr war nicht im Erbeben.*
- *1Kön 19,12 Nach dem Beben kam ein Feuer. Doch der Herr war nicht im Feuer. Nach dem Feuer kam ein sanftes, leises Säuseln.*
- *1Kön 19,13 Als Elija es hörte, hüllte er sein Gesicht in den Mantel, trat hinaus und stellte sich an den Eingang der Höhle.*

Wie kann ich Gott in meinem Leben begegnen?

ein Teil der Predigt zum 19. Sonntag im Jahreskreis
von Herrn Pfarrer Harald Mattel
in Seekirchen a. Wallersee

Komm heraus und stelle dich auf den Berg vor den Herrn

Gott spricht durch die Stille zu mir

Herr du hast gesagt, ich soll stille werden,
damit ich dich finden kann.
Ist es denn überhaupt möglich, ruhig zu werden,
wenn so viele Probleme und Sorgen
mich beschäftigen und zerrütten?
Ist es denn möglich,
still zu sein,
wenn Stress und Hektik mich martern?

Was hast du gesagt?
Ich soll nicht schon wieder so viel reden?!
Amen

Profitis Ilias – Der Gipfel ist bald erreicht.

Die Schwäbische Wandergruppe am Gipfel.

Das begeehrte türkise Gartentürl.

Familie unterwegs zum Sonnenuntergang.

Krinofita - Mafia-Group.

Am Pass - Richtung Lykuria.

Hirtenunterstand.

Blick auf Lykuria.

Feigenbauer und Bäurin in Lykuria.

Friedhof von Lykuria.

Die Quelle des Ladon.

Der über 2000-jährige Weinstock im Dorf Pankrati.

Selbstverwirklichung

Am Gipfel des „Steinernen Propheten", beim ersten Mal mit der Schwaben-truppe im Jahre 1997, war kein Zwiegespräch möglich. Weder mit dem Propheten noch mit dem Allerhöchsten. Da waren vermutlich zu viele Leute auf einmal am Gipfel. Saukalt war es außerdem und nebelig. Aber trotzdem aufregend, schließlich war auch Ute hinaufgestiegen. Es blieb also damals nur der Dank an den Schöpfer und das Ersuchen um weitere schöne Urlaubstage. Vielleicht wäre es möglich gewesen, wenn nur ein bis zwei Leute hingehorcht oder ein Gespräch versucht hätten. Die Voraussetzungen waren bestens: Es war kein Sturm um die frühe Stunde. Es war auch keine Erdbeben und kein Feuer. Aber ein sanftes, leises Säuseln war gegeben, schließlich war es neun Uhr vormittags und immerhin 2.500 Meter über dem Ägäischen Meer.

Könnte eine Selbstverwirklichung mit einer Gotteserfahrung zu tun haben? Wäre es dann möglich, dieses Erlebnis am Profitis Ilias zu haben und sollte ich doch noch hin? Eine Gotteserfahrung auf dem höchsten Berg des Peloponnes, ein Gespräch oder eine Zwiesprache mit dem Allumfassenden! Aufregend müsste das sein, in 2.500 Meter Höhe, also viel näher dem Himmel, als wenn man am Meer liegen würde.

Worüber könnte ich mit Gott reden, wären es nicht nur lauter Fragen und Bitten? Wann würde er antworten und wie? In Deutsch oder Griechisch, in Hebräisch oder vielleicht sogar in Aramäisch und somit unverständlich?

Was bilde ich mir da überhaupt ein! Ich denke, mit einem dreckigen, verschwitzten Rucksacktouristen, der außer seinen großen Rucksack auch noch einen Haufen Fehler und Sünden mit sich herumschleppt, wird Gott gar nicht so gerne reden. Er wird sich keine Zeit nehmen für mich und einfach einen Delegierten schicken, eventuell in Form eines Engels. (Vielleicht gar nicht so übel!)

Also nochmal, worüber reden?

Wie wäre es mit der Frage nach dem vielen Unheil der Welt?

Gut, die beantworten ja schon die Theologen, Priester und Bibelgelehrten mit dem „freien Willen", den wir bekommen haben. Nur zu blöd, wenn dieser freie Wille von korrupten Politikern dazu genutzt wird, die nicht ganz so freien Unter-tanen, für eine halbwegs freie Meinungsäußerung ein paar Jahre hinter Gitter zu schicken. So geschehen in der ältesten Demokratie der Welt, in Griechenland.

Die Kulturrevolution Europas hat in Griechenland ein Gesicht, das von MikisTheodorakis.[1]

---

1) (Roger Garaudy: Vorwort zu Culture et Dimensions politiques, Flammarion 1972)

Der großartige Komponist und Sänger, Rebell, Kommunist, Kulturminister und noch vieles mehr, hat in seinen Liedern die Gelegenheit davon zu singen.

Man denke an den chilenischen Ex-Diktator Augusto Pinochet und an die vielen noch lebenden Diktatoren der ganzen Welt.

Mikis Theodorakis & Pablo Neruda
Canto General

„Canto General", das Werk des großen chilenischen Dichters Pablo Neruda, vertonte Theodorakis in Frankreich. Ursprünglich sollte „Canto General" in Santiago, Chile aufgeführt werden. Wenige Tage vor dem Konzert wurde Alliende ermordet und der Aufführungstermin für unbekannte Zeit verschoben. Die Welturaufführung fand nach dem Sturz der griechischen Junta am 13. August 1975 im Karaiskakis Stadion von Piräus statt.

Die Frage über Gesundheit und Krankheit!

Auch hier gibt es von den Experten schon jede Menge schlaue Antworten, die leider auch nur so weit passen, solange eine Krankheit noch heilbar ist. Ob man darüber hinaus vom Allumfassenden eine passende Antwort bekommt? Hier kommt man doch schnell in das Reich der Gene. Pech gehabt damit! Auch dann, wenn sich eine(r) wünscht, statt 1,90 Meter Größe wenigstens zehn Zentimeter kleiner zu sein. Der (die) andere wünscht sich, es mögen zu den 1,50 Metern noch zehn dazukommen. Ob krumme Nase, schiefe Beine oder sonstige Behinderungen – unser guter Gott kann das doch nicht wollen, dass Menschen ihr Leben lang unter solchen Nachteilen leiden müssen. Auch die „fast alles wissenden" Esoteriker finden darauf keine Antwort, Trost sowieso keinen.

Darum – keine Fragen mehr stellen!

Bitten nur, wenn es sich um erfüllbare Wünsche handelt und bedanken, dass es mir, zumindest momentan, vergleichbar gut geht.

Aber, wenn es mit dem Zwiegespräch nicht so klappt, haben wir dann auch keine Selbstverwirklichung, auch keine Gotteserfahrung?

Wir brauchen einfach nur mal nachdenken, wer in unserer Umgebung unter einer Größe von 1,90 m leidet, wer sich wegen der schiefen Nase nicht überall hin traut und wer wegen seiner Behinderung auf keine Berge klettern kann. Wir hätten auf der Stelle die Möglichkeit einer Selbstverwirklichung, wenn wir einen solchen Menschen zu unserem Freund machen. Wir könnten in ein Seniorenheim gehen und eine Rummy-Runde gründen oder mal nachfragen wer im Krankenhaus liegt und einen Besuch abstatten. Darauf dürften wir sogar ein bisschen stolz sein und jede Wette, es geht uns anschließend besser.

Wir brauchen dann auch nicht mehr ganz so viel Komfort in unserem Haus und spenden dafür ab und zu für „Licht für die Welt", damit ein paar Menschen wieder das Augenlicht zurückbekommen. Automatisch lernen wir somit auch besser, uns in andere Menschen hineinzudenken. Wie fühlt sich der eine oder andere in seiner Einsamkeit? Hilft es ihnen, wenn wir sie auf einen Kaffee, ein Bierchen, zu einem Spielchen oder wenigstens auf einen Plausch einladen?

Sinngemäß gilt dasselbe auch bei den Tieren. Kennen wir nicht alle eine Schildkröte, die alleine in einem Garten der Nachbarschaft gehalten wird? Einen Sittich, der sein ganzes Leben lang in einem Käfig hockt oder eine exotische Schlange in einer gläsernen Vitrine? Wie ginge es uns dabei? Ein Leben lang im Käfig!

Wie man sieht, es gäbe genug Möglichkeiten, uns mit den Mitmenschen, den Mitgeschöpfen zu verwirklichen! Aber oft haben wir Stress und kommen also gar nicht dazu, an so was zu denken, geschweige denn zu tun.

Ich stelle Ihnen das nächste freie Buchblatt zur Verfügung, um ihre persönlichen guten Taten zur Verbesserung der Beziehung, Mensch – Tier – Natur, niederzuschreiben.

Und das haben Sie dann selbst verwirklicht - also Selbstverwirklichung!

Meine persönliche Selbstverwirklichung

Mensch:

Tier:

Natur:

Das Taigethosgebirge:

Folgender Text stammt aus dem Buch „Bergwandern in Griechenland" von Harald Schrempf.[1]

„Am Peloponnes, der großen südlichen Halbinsel Griechenlands, welche durch den Isthmus von Korinth vom Festland getrennt ist, hat eine lange, abwechslungsreiche Geschichte ihre Spuren hinterlassen.

Archäologisch Interessierte kommen in berühmten Orten wie Olympia, Korinth, Tirynas, Mykenä, Epidaurus oder Mistras voll auf ihre Rechnung.

Burgen, Tempel und Ruinen fügen sich harmonisch in die Landschaft des Peloponnes und scheinen oft eins mit den Bergen des Landes zu sein. So ist es ganz natürlich, wenn man plötzlich das Verlangen verspürt, hinaufzusteigen zu diesen Gipfeln, um hinabzublicken in das Land berühmter Könige und edler Krieger, von deren Heldentaten man noch heute erzählt.

Aus den Bergen des Peloponnes ist das mächtige, weitverzweigte Taigethosgebirge, welches vom Becken Megapolis im Norden bis zum Kap Matapan im Süden reicht, hervorzuheben. Besonders imposant erscheint das Gebirge dem Reisenden, der von Norden durch die Ebene Evratos anreist und aus dieser fruchtbaren, nur 200 m hochgelegenen Talsenke den Taigethos 2.200 m über sich aufragen sieht. Ich habe eine Wanderung unternommen, welche mich auf die Prophitis Ilias, mit 2.404 Meter der höchste Gipfel dieser Gruppe, führte.

Die „Schluchtenreiche" nannte Homer den Taigethos, was mit einem Blick vom Gipfel bestätigt scheint, denn etwa 30 Schluchten verlaufen von den Gipfeln und den Bergrücken in die Ebenen.

In den dichten undurchdringlichen Wäldern, die sich bis hoch hinauf an die Berghänge schmiegen, wo im Altertum von den Spartanern 12-jährige Knaben ausgesetzt wurden, um ihre Härte zu beweisen, hausen heute noch Wölfe. Das Klima am und um den Taigethos hat eigenes Gepräge. Wenn im Sommer der Wind als glühender Hauch über die Ebenen von Sparta weht, findet man in den schattigen Wäldern Erfrischung unter Ahornbäumen, an erquickenden Bächen und an sprudelnden Quellen."

Soweit Harald Schrempf, ein Grazer, den Griechenland so begeisterte, dass er 22 Mal (nicht öfters?) dort war.

Der erste Schreck heute waren die zwei Schildkröten.

Der zweite, der unachtsame „Hans guck in die Luft" macht einen Kniefall vor den Bergen. Wann kommt der dritte?

Gut, dass die Pumpe des Wanderers relativ stark und gleichmäßig hämmert.

---

1) www.buchfreund.de/Bergwandern-in-Griechenland-Schrempf-Harald

Das muss auch so bleiben, denn die Fälle der Beanspruchung mehren sich.

Gerade noch ein Gedanke, gleich darauf die Wirklichkeit.

Wieder ist es im Gebüsch, sechs bis sieben Meter entfernt, aber diesmal hört es sich noch seltsamer an. Eine Mischung aus Vogel- und Kindergeschrei verbunden mit einem Gekrächze, das den Angewurzelten fast erschauern lässt. So als ob ein Tier knapp vor dem Sterben noch einen Weh-Schrei von sich geben würde. Gleich nochmal dasselbe, jetzt kürzer und etwas niedriger im Ton. Was kann das sein? Von oben her war kein Kampf eines Raubvogels zu sehen und auch nicht zu hören, was er schließlich bemerkt haben müsste bei seinem andauernden Geschaue in die Luft. Eine Schlange war es bestimmt nicht, die wäre lautlos. Eine kleine Ziege oder doch ein abgestürzter Vogel? Er wagt sich einige Schritte vor und was er da sieht in der Kurve, mitten am Weg ist kein Raubvogel und auch kein Jung-Kitz, sondern eine einsame Schildkröte. Und diese kann so elendiglich jammern und schreien, dass dem Gegenüber fast die Luft wegbleibt vor Schreck. Futter wäre genug da für die süße Kleine. Aber das Tier schreit nach einem Partner und da kann der Wanderer sicher nicht helfen.

Wir plaudern miteinander in Augenhöhe. Sie erzählt mir ihre Geschichte und umgekehrt. Der Erfahrungsaustausch wird erst unterbrochen, als ein paar Regentropfen herabfallen und wir müssen uns schweren Herzens verabschieden. Sie will nach Norden, ich nach Süden. Bei gleichen Zielen wären wir gemeinsam gewandert. Das Tempo hätte gepasst.

Daras

Das Tröpfeln wird mehr und mehr. Es nennt sich nun Regen. Wo ist Daras? Noch immer ist nichts zu sehen. Vielleicht nach der langgezogenen Kurve oder nach dem nächsten Hügel? Ja doch, ganz in der Ferne kann man was erkennen, das könnte es sein. Wolken hängen tief über den Häusern. Alles sieht recht nebelig und undurchsichtig aus. Aber das schreckt den bereits angefeuchteten Marschierer überhaupt nicht. Eher schon die Möglichkeit, dass der Inhalt des Rucksackes was abbekommt. Vor allem die Kuscheldecke sollte nicht nass werden.

Was ist die Steigerung von Regen? Erraten – es ist der Salzburger Schnürlregen. Wie kommt der nach Arkadien? Momentan tut er noch gut, aber die nächste Stunde bis Daras könnte frisch werden. Unterstand ist auch keiner zu sehen. Von der kahlen Birne ins Genick, entlang des luxuriösen Oberkörpers hinein ins Hoserl, unterhalb hinaus und gleich wieder in die Schuhe hinein. So der Lauf des Wässerchens. Gut eine Stunde hat es gedauert, dann steht ein vollgesoffener Rucksacktourist vor dem ersten Haus, dessen Eingang jedoch unerfreulicher Weise von einem riesigen Ross blockiert wird. Gibt es noch einen anderen Weg ins Dorf? Es gibt ihn und nach einiger Suche findet sich auch eine Taverne. Zimmer gibt es keines im Ort, jedenfalls nicht für so saunasse Typen. Kein Mitleid! Ein Lehrer, der ein bisschen Deutsch redet, verspricht mir, dass ich in der Schule übernachten kann. Prima! „In dreißig Minuten hast du dein Quartier." Dann ist er weg. Ich bin schon sehr froh, dass er nach drei Stunden wieder zurück ist. Kein Schlüssel für die Schule, der Direktor war nicht zu finden. Aber im Schulhof kann ich bleiben, meint er. Vorerst gibt es jedoch zwei oder drei Bierchen nach innen, um die Nässe gleichmäßig zu verteilen. Anschließend zeigt mir der Herr Lehrer die Schule am Ortsrand und ich versuche ein halbwegs trockenes Plätzchen zu finden. Ich drehe ein paar Runden im Uhrzeigersinn, aber Pech gehabt – alles feucht! Es nützt nichts! Schnell das Zelt aufstellen, es regnet gerade nicht. Die Eisenhaken gehen in den Boden wie geschmiert, jedoch genau so leicht wieder heraus. Schei…nein, shit heißt das heutzutage! Das ist halt eine etwas noblere Scheiße! Liegt es an den drei Bieren, dass das Zelt heute gar so schwächelt. Irgendwie ist die Luft weg und das im schönen Arkadien.

- Liegt es am Sauwetter?
- Oder an der schwarzen Griechin, an die ich immer noch denke, die aber schon „so weit, weit weg" ist?
- Liegt es vielleicht daran, dass es gar so in Schildkrötengeschwindigkeit vorwärts geht im Vergleich zum Hirner?
- Oder dass ich bald an das Umdrehen denken muss – das Heimfahren?

- Vielleicht fehlt mir ganz einfach das Meer, das ja auch irgendwie zu Griechenland gehört wie die Luft zum Leben?

Aber wahrscheinlich ist es die noch ausständige Selbstverwirklichung. Wann kommt denn dieses Ding endlich daher?Es reicht! Ich stelle die Fragen mal anders: Was waren die schönsten Augenblicke bisher? Da fallen doch die Antworten viel leichter! Sogenannte „Highlights". Kann man diese mit Selbstverwirklichung gleichsetzen?

Einige Beispiele von früher:

Ingrid musste weinen, als sie mit der Fähre den Hafen von Korfu verließ. Es war das erste Mal, dass sie zu Fuß unterwegs war. Eine Symbiose von Mensch und Natur! Nicht mit Worten zu beschreiben, was die Seele fühlt, sagt sie. Es liegt schon ein paar Jahre zurück, aber es ist ihr im Gedächtnis geblieben. War Korfu nur ein „Highlight" oder vielleicht doch mehr?

Irmgard war mit ihrem Mann Karl in der Türkei in einer kleinen Bucht, welche sie mit ihrem Segelboot gefunden hatten. Ein Kleinod, fast unberührt. Es gab nur eine winzige „birahane"[1], mit wenigen Gästen und einen einzigartigen Sonnenuntergang. Auch sie hat diesen Moment seit 15 Jahren nicht vergessen. Eine spätere Wiederholung hat leider fehlgeschlagen, da dieses unberührte Kleinod verbaut und somit nicht mehr zu erkennen war.

Ich saß mit der Schwabentruppe das erste Mal in Ag. Nikolaos am Peloponnes. Genauer gesagt in Mani. Es war Mai 1997. Um 20.45 Uhr ging über dem Taigethos-Gebirge der Vollmond auf und mit ihm auch langsam die Sterne. Alle im Lokal staunten über diese Schönheit und es herrschte für einige Zeit absolute Stille! Ich suchte mit den Augen Ute und sie blickte recht lange zurück. Alles zusammen, die Stille, der Vollmond und Ute, lösten bei mir ein Glücksgefühl aus, das mir bis heute unvergesslich blieb.

Cap Malea, am rechten Finger des Peloponnes. Friederike saß lange im Gras bei der Kapelle Ag. Irini und ihr Blick ging hinaus auf das azurblaue Meer Richtung Kithira. Sie wusste einige Seemeilen weiter südlich, liegt ihre Sehnsuchtsinsel Kreta.

Sie ahnte vielleicht damals schon, dort würde sie für immer und ewig bleiben!

---

1   birahane (türk.) - Kneipe

Ich hatte sehr viele schönste Augenblicke auf diesem Weitwanderweg! Vor allem viele unerwartete und aufregende. Deshalb wird heute, kurz vor Mitternacht, im finsteren, aber bisher sicheren Zelt der Beschluss gefasst: Morgen wird umgedreht. Nicht zu Fuß, sondern mit dem Bus soll es zurückgehen nach Patras, weil ich mir noch schönere Erlebnisse nicht mehr vorstellen kann. Mit dem Bus wegen der Neugierde. Neue Gegend kennenlernen, schauen ob es auf der Strecke Rohbauten und Zeltplätze für ruhige Nächte gibt. Zwei verheißungsvolle Berge hat die Strecke von Kalavrita nach Patras zu bieten. Der Mt. Panachaiko und der Mt. Erymanthos. Übrigens dem Tausendsassa Hirner haben sie auch gefallen.

Bald gibt es einen neuen Leitsatz:

„Wohin du auch gehst, der Hirner war schon vor dir da."

Alles was Odysseus übersehen hat, vollendet der Hirner.

Die schönsten Augenblicke auf meiner E4 Weitwanderung:

Die Zahnradbahn von Diakofto nach Kalavrita. Dieses herrliche Maschinchen schraubt sich so gekonnt durch die Vouraikos-Schlucht, dass man wahrlich seine helle Freude daran haben muss. Ein Erlebnis für jeder(Mann), Frau und Kind!

Was die Natur betrifft, hat sicher jeder eine andere Vorstellung. Mir persönlich hat die Gegend nach Planitero am besten gefallen. Diese ganz unberührte Landschaft beim Aufstieg in das nächste Bergdorf mit dem Hintergrund des Mt. Helmos.

Bei den Tieren war eindeutig die einsame Landschildkröte der Liebling. Das mitleiderregende Gejammer bleibt unvergesslich.

Bei den Menschen gibt es auch keinen Zweifel. Die schwarzhaarige, kurvenreiche Griechin aus Krinofita, die mich in Gedanken noch immer begleitet.

Die vorangegangene Nacht im Zelt verlief ruhig. Klar, das Dach der Herberge durfte nicht berührt werden, damit die Nässe nicht durchbricht und dank der Wolldecke war es auch warm genug.

Der Regen hat aufgehört und die Sonne lacht wieder. Mit ihr auch der Wanderer.

Es ist Dienstag, der 28. August, 7 Uhr früh.

Irgendetwas war undicht. Das Zelt, der Rucksack oder gar der ganze Tourist? Egal wer, das nasse Zeug muss in die Sonne. Was liegt näher, als das Volleyballnetz als Wäschetrockner zu missbrauchen. Gleich nach dem Frühstück wird es bunt am Netz. Das T-Shirt strahlt mit den Socken um die Wette, das Hoserl mit dem Kapperl. Alles zusammen marketingreif und für das Sponsoring in Millionenhöhe in Reih und Glied ans Netz gehängt. Für das Arkadien-Lokal-TV das Geschäft des Lebens. Schließlich hat so ein Öko-Rucksack-E4-GR-Weitwanderer derartigen Seltenheitswert, dass sich so ein Verrückter locker verkauft, wie die sprichwörtlichen warmen Semmeln in der Früh.

Nun kommt die Daras Stadtbesichtigung. Es geht gerade noch ohne einheimischen Führer. Die Sehenswürdigkeiten sind ein Haufen Katzen und ein paar schöne Gartentüren mit den dazugehörigen Gemüsegärten in Kleinformat. Erst weiter oben am Hang sind einige selten hübsche Häuser, mit traditionellen Balkonen zu bewundern. Auch die Kirche, daneben die Platia samt feschem, bärtigem Popen, sind sehenswert und fotogen. In einem Cafeneon ganz in der Nähe wird noch ein Nescafe geschlürft. Der Pope trinkt selbstverständlich einen Eliniko-Kaffee. Das erkennt man an der kleinen Schale und am Schluss mit dem übriggebliebenem schwarzem Kaffeesatz.

Die Werbewäsche ist noch nicht trocken. Es ist aber ohnehin ein Genuss, mal ohne Rucksack die Gegend zu erkunden. Die Vororte zu durchstreifen, zur Untergrundbahn und zum Flughafen zu gehen und ein Museum zu besuchen. Alles, was es eben in einem Mega-Dorf mit circa 300 Einwohnern zu erleben gibt.

Der Beschluss umzukehren bleibt. Daras liegt höhenmäßig bereits relativ weit unten, also nicht mehr weit weg von der erwähnten Hauptstraße nach Tripolis. Wieder zurück bei der Schule kann man die Ehrlichkeit der Griechen sofort feststellen. Mein Geld für die inzwischen getrocknete Werbewäsche liegt unter meinem schönsten Stück, der schwarzen, sexy Unterhose. Nur mit einem kleinen Stein beschwert. Mit diesem Haufen Euro kann ich locker die nächsten zwanzig Jahre sämtliche Wanderwege Griechenlands abrennen, ohne jemals zwischendurch zu Hause nachtanken zu müssen. Die Werbebotschaft dieser Marke heißt natürlich schlicht „E4 GR Sexy-Weitwanderwäsche für alle Fälle und Weiten."

Die Kameras, die Sponsoren und Paparazzi sind allesamt wieder weg. Somit kann das Volleyballnetz ruhig abgeräumt werden. Alles ist sonnentrocken und duftet klimabedingt wieder fast menschenfreundlich. Der Freiluftbrunnen im Schulgelände wird noch für die Kurzwäsche, Zähneputzen und Trinkreserve genutzt.

Im Cafeneon beim Kaffeefrühstück wird natürlich noch ausführlich der Fährenfahrplan studiert. Am 29. 8., also morgen um 24 Uhr fährt die begehrte Erotokritos wieder zurück. Patras – Venedig und wie immer mit Zwischenstopps in Igoumenitsa und Korfu.

Die Heimreise beginnt

Ich verabschiede mich von Daras und es geht hinunter zur Hauptstraße. Der dazwischenliegende Friedhof wird diesmal nur gestreift.

An der Hauptstraße stehen um diese frühe Morgenstunde die Händler mit ihren duftenden Früchten, wie Pfirsiche, Orangen und Weintrauben. Aber auch knallrote Tomaten, Gurken, Zwiebeln und Paprika locken zu einer längeren Pausenzeit. Ein bisschen Brot ist auch noch da. Eigentlich müsste man es schon „paximadi" nennen. Die griechisch vorgebildeten Leser wissen vielleicht, dass dies das alte, schon sehr trockene bis steinharte Brot ist, welches beim Bäcker teilweise sogar gratis zu bekommen ist. Es schmeckt ganz prima, oft leicht süßlich und ist die Lebensgrundlage der griechischen Zahnärzte.

Der Bus nach Klitoria zurück wird ganz ernsthaft gesucht, nachdem komischerweise den stoppenden Rucksacktouristen niemand mitnehmen wollte. Und ganz ernsthaft ist auch klar geworden, er hat wirklich umgedreht, um 180°. Er ist also nach Norden unterwegs, nicht mehr am monopati und auch nicht mehr am E4 GR. Aus dem heldenhaften, abenteuerhungrigen Odysseus-Klon, aus dem Fährten- und Zeltplatzsuchenden ist im Handumdrehen, genauer gesagt, im Fußumdrehen, wieder ein stinknormaler Rucksacktourist geworden. Wieder ist das stinknormal ganz wörtlich zu nehmen. Die Asphaltstraße hat es glühenderweise zustande gebracht, die Tagestemperatur noch ein bisschen zu steigern und somit ist die Transpiration wieder eine ganz unheimliche. Das dürften sogar die griechischen Autofahrer wissen, darum mag man ihn gar nicht, den Stopper.

Auch die Obst und Gemüsehändler wissen nicht recht, wann der nächste Bus fährt. Sie empfehlen bis ins nächste Dorf zu gehen, das ohnehin fast an der Hauptstraße liegt und vom Bus sicher angesteuert wird. Heute noch! Das wissen sie ganz bestimmt! Wenn nicht, sollte ich einfach weiter mit der Hand winken, irgendwer bleibt bestimmt stehen und erbarmt sich meiner. So zwischendurch schießt mir durch die glühende Birne, dass ich eigentlich keiner einzigen giftigen Schlange begegnet bin. Soll jetzt die Freude und die Dankbarkeit überwiegen oder der heilige Zorn, weil ich seit nun mehr zehn Tagen in der Winterausrüstung herumrenne? Noch etwas fällt mir ein, in Korfu sind mir die meisten dieser Reptilien auf der Asphaltstraße begegnet. Also doch besser, dankbar sein und auch jetzt noch zur Vorsicht das lange Beinkleid anbehalten.

Vor dem besagten Dorf angelangt, wird zuerst der Wasserverlust ausgeglichen, ein Schatten mit zugehörigem Sitzplatz gesucht und nochmals die Straßenkarte studiert. Es passt alles. Der Bus, nach dem Ort mit dem verdammt weiblichen Namen Klitoria, kann also kommen. Das wars also. Ja, klass wars! Der E4 GR.

Klitoria

Einfacher wäre es gleich nach Kalavrita durchzufahren um am dortigen Zeltplatz wieder ein Moussaka zu genießen, nach einer kalten, abwechslungsreichen dreigeteilten Nacht. Aber kann es so was nicht auch in Klitoria geben? Abrupt werden meine Gedanken unterbrochen. Der Bus kommt und nimmt den schweißparfümierten, verstaubten Touristen mit. Gleich bei der Ankunft in Klitoria gerate ich mitten in die Vorbereitungen eines Begräbnisses. Das erkennt sogar der Fremdling schnell und zwar an den mit Schleiern versehenen Holzkreuzen, die allesamt an der Kirchenmauer lehnen. An den Ministranten, die aufgeregt auf und ab laufen und an den vielen Leuten, die rund um den Kirchenplatz auf Bänken warten. Natürlich in feierlicher Kleidung. In die kühle Kirche traut sich der Dreckige selbstverständlich nicht und er verzieht sich in den Schatten einer Platane.

Die hohe Tagestemperatur von 40° im Schatten macht ihm zu schaffen und erzeugt in seinem Kopf erneute Wachträume:

„Wie haben die Leute vom Ort erfahren, dass da heute am späten Nachmittag ein halb kaputter Tourist eintrudelt, der beim Aussteigen gleich mal zusammenbricht und den Geist aufgibt? Da haben die doch tatsächlich schon ein Begräbnis vorbereitet. Ist ja wirklich zu viel der Ehre aber trotzdem besonders zuvorkommend von den gastfreundlichen Griechen. Sie hätten jedoch wissen müssen, dass man für einen grünen Typen keine Grube ausheben muss. Den legt man einfach auf den Komposthaufen und hat trotzdem eine Drei-Jahres-Garantie auf saubere Verrottung. Mit griechischem Kaffeesud abgedeckt und ab und zu mit Ouzo begossen, wird in weiteren drei Jahren auch das Gerippe biologisch-dynamisch abgebaut und aufgelöst. Darauf pflanzt man dann ein Olivenbäumchen, welches sozusagen in Symbiose mit der schwarzen Seele des Verblichenen einen neuen Typus hervorbringt. Einen „Neo-Prinz von Arkadien“. Langsam natürlich, eventuell sogar in Jahrhunderten, denn die Seele braucht seine Zeit, um wieder die richtige Farbe zu bekommen. Dann aber darf sie für immer in Griechenland bleiben, in den schönen Bergen Arkadiens.“

Endlich wieder aufgewacht und den Kopf mit dem Inhalt der Wasserflasche abgekühlt, besinne ich mich auf die heutigen, weiteren Ziele. Sie sind ziemlich bescheiden und ganz aufs Überleben beschränkt.
*   Wo gibt es was zu futtern?
*   Wo ein einfaches Zimmer?
*   Wann geht am nächsten Tag der Bus nach Patras, vorbei an den schon erwähnten Bergen?

Alles kein Problem, man ist ja schon Profi. Im Gasthaus, etwas abseits der großen Menschenmenge, sitzt, isst und trinkt es sich ganz gut. Währenddessen wird draußen der/die Verstorbene vom Hause abgeholt, ganz so, wie es bei uns früher auch der Brauch war. Die Musiker marschieren voran, dann die Kreuz tragenden Buben und anschließend die Angehörigen. Am Schluss die vielen Leute, die anfangs auf den Bänken am Kirchenplatz saßen. Die zwei Popen natürlich ganz vorne, weihrauchschwenkend, wie es sich gehört.

Noch in der Taverne wird der Hirner befragt, was es zu Klitoria zu sagen gibt. Kein schöner Ort, nichts typisch Griechisches, gar nicht wert dort hinzufahren. Das hätte ich vorher genauer lesen sollen. Zu spät, leider stimmt alles. Aber das Rundherum, die Aussicht, ist ganz passabel und deshalb wird noch ein bisschen fotografiert. Aber wo sind all die, dem Namen des Ortes zugehörigen Wesen, die schönen griechischen Frauen? In der Kirche, zu Hause, in der Disco oder…? Da bliebe noch die Piep-Show, aber auch davon ist in den Außenbezirken nichts zu bemerken. Was also tun an so einem Abend? Kein Zeltaufbau ist nötig, keine Ziele mehr für den nächsten Tag, keine Abenteuer zu erwarten, auch der Hirner wird nicht mehr gebraucht, um morgen nach Patras zu kommen. Einkaufen für die Fähre ist auch noch zu früh, nachdem der Riemen des Rucksackes wieder eingerissen ist und Gewicht gespart werden muss.

Also was tun in Kato Klitoria? Für einen Besuch in das nur 10 Kilometer weiter entfernte Ano Klitoria ist es bereits zu spät. Beim Rückweg wäre es bereits dunkel und ohne Straßenlaternen und einzig und alleine eine schlechte Taschenlampe macht das Vorhaben unsinnig. Unsinnig außerdem, wenn man zuvor in der Taverne etwas zu viel getrunken hat.

Die Nacht im Hotel verläuft friedlich, sogar ohne erotische Träume und relativ früh am Morgen geht es zum Bus. Ganz in der Nähe der Haltestelle befindet sich eine Räumlichkeit in der zwei Frauen sitzen und es duftet nach Kaffee. Also muss es ein Cafeneon sein. Wenn der Bus nicht gleich kommen würde, könnte ich noch einen schlürfen. Zur Vorsicht frage ich nochmals, wann der Bus kommt. „Gleich!" Also kein Kaffee mehr. „Hast du schon eine Karte?" war die Frage eines Wartenden. „Wieso?" meine Gegenfrage. „Weil du da drin eine kaufen musst." „Da drinnen im Cafeneon?" Endlich kapiere ich! Die zwei Frauen da drinnen sind keine Kellnerinnen, sie verkaufen die Buskarten. In letzter Minute kann ich noch das Ticket kaufen. Der Bus, griechisch: „leoforio" ist da, rasch hinein und schon braust er Richtung Kalavrita davon. Glück im Unglück: Ich überlebe auch ohne Kaffee! Richtig wach werde ich jedoch erst später im Bus von Klitoria nach Nordwesten um ***9 Uhr, am 29. August, Mitte der zweiten Woche.***

Wo, außer am Fernwanderweg, kann man in Griechenland noch gut herum-wandern? Monopatis gibt es ja viele. Stellvertretend ein Beispiel von Chios:

„Heimat von Homer, mittelalterliche Dörfer wie aus dem Bilderbuch, Reisen abseits des Touristenstroms. Kulturell stark von den Byzantinern und Genuesen geprägt. Die Einwohner begegnen uns mit ihrer spontanen Gastfreundschaft, die dank dem gemächlicheren Rhythmus des Winters voll zum Ausdruck kommt. Im Süden präsentiert sich sanft hügelig das Mastixgebiet mit seinen mittelalterlichen, gepflegten Dörfern.“

So stand es in einem Prospekt der „Imbach-Reisen“. Ergänzt sei noch, dass es im Norden mehr als hügelig ist, nämlich gebirgig. Bis circa 1.300 m hoch. *„Vom Gipfel des Pelinaíon zum Oros und hinunter nach Pityoús“* nach Klaus Holdefehrs Wander- und Kulturführer. Empfohlen wurde mir das Buch von einem Freund, der 2005 den höchsten Berg von Chios bezwang.

Während der Fahrt geht mein Blick natürlich oft nach rechts, hinauf in die Berge. Teilweise erkennt man da oben die Gegend, wo kürzlich ein Fremder mit einem Haufen Gepäck herumgelatscht ist. Schaut von hier unten total nach Einöde aus, wo sich normalerweise nur Kriechtiere und Esel bewegen. Stimmt schon irgendwie!

Kalavrita

Schnell ist Kalavrita erreicht, denn zwischendurch ist der „Xeno" ein paar Mal eingenickt. Schändlich bei dieser schönen Gegend.

Alle steigen aus. Fährt denn keiner nach Patras? Ah, die wollen so wie ich endlich einen Kaffee. Gleichzeitig werden auch Bus, Fahrer und Schaffner gewechselt. Erst in zwei Stunden geht es wieder weiter. Da geht sich noch ein Kaffee und was Knuspriges dazu aus. Auch zur Besinnung ist noch Zeit, Sie wissen schon, die Suche nach meiner Selbstverwirklichung. Keine Spur davon. Und jetzt? Kann ich einfach so heimfahren, ganz ohne dieses wichtige Ding? Wieso nicht, denn der E4 GR ist so furchtbar lang, da müsste sich in den nächsten Jahren sicher noch was ausgehen.

Noch immer sitzen die Busfahrer im Cafeneon von Kalavrita, ganz in der Nähe des Geschäftes, wo es vor gut einer Woche die gute, warme Wolldecke zu kaufen gab. Das Sinnieren meinerseits über den Termin der Selbstverwirklichung brachte auch nach dem zweiten Kaffee so gut wie nichts. Andere schaffen es auch nicht gleich aufs erste Mal. Auch nicht wenn sie nach Indien, Nepal oder Neuseeland fliegen. Die schöne, seeuntaugliche Monika hat nach Neuseeland auch noch Australien besucht. Sie kam ziemlich gleich (hübsch) wieder zurück. Mein Interview über ihre Verwirklichung hat keine neuen Ergebnisse gebracht.

Die Leute vom Cafeneon rüsten sich zur Weiterfahrt nach Patras. Auch der seelisch aufgewühlte, neugierige Austrianer. Ganz wichtig ist jetzt die Landkarte samt den dazugehörigen Vergrößerungsbrillen. Hoffentlich gibt es genug Platz im Bus, um beidseitig die Landschaft genießen zu können.

Gibt es nach dem bisherigen Verlauf meines E4 GR noch jemanden, der diese Verrücktheit nachmachen möchte? Empfehlenswerter sind meiner Meinung nach die Monate Mai und September mit Tagesrucksack und Stationen von zwei bis drei Tagen.

Jetzt wieder volle Konzentration auf die Landschaft. Wir sind bereits in Achaia. Der Landkarte nach gibt es auf dieser Strecke keinen einzigen berühmten und bekannten Ort mehr. Egal, die Griechen haben anderswo noch genug historische Stätten, die von zig-tausenden Touristen erobert werden.

Der Bus ist tatsächlich nicht voll und somit renne ich nun dauernd von links nach rechts und umgekehrt. Geht ganz locker im hinteren Bereich. Kein Rucksack stört, nur manchmal der Schaffner, der den Gang zeitweise auf und ab rennt auf der Suche nach Schwarzfahrern. Ihm halte ich öfters die Landkarte unter die Nase, auf der Suche nach dem doppelten Berg, den Mt. Erymanthos. Natürlich gehe ich dem Herrn Schaffner bereits auf die Nerven, aber ich glaube ihm, wenn er sagt, er weiß nicht, welcher von den Gipfeln der Höchste und der Gesuchte sei. Er gehört auch zu denen, die keine Berge brauchen, nachdem er sich im Bus sowieso dauernd auf und ab bewegt. Nachdem es jetzt auch noch spitzkurvig auf der Straße zugeht, weiß ich manchmal nicht mehr, wo links und rechts ist. Nach jeder Kurve drehe ich die Landkarte wieder zurück, muss aber bald aufgeben, um nicht schwindlig zu werden. So begnüge ich mich mit den Blicken in das prächtige Bergland. Jeden dieser Berge würde ich gerne erklettern. Hoffentlich bald. Sie kennen ja die Eile der Pensionisten vor der bevorstehenden Himmel- oder Höllenfahrt.

Langsam flacht das Gelände ab. Alles wird grüner und der Landkarte nach sind es nur mehr 20 km nach Patra. Die Griechen lassen das „s" am Schluss weg. In dem exzellenten Spielfilm „Corellis Mandoline", gedreht auf der größten Ionischen Insel Kefalonia, fiel mir das zum ersten Mal auf. Der Verlobte von Pelagia erwähnte es ein paar Mal, wenn er in den Krieg zog. Der Weg führte ihn von der Insel über Patra in den Epirus. Währenddessen beginnt seine Angebetete mit dem italienischen Mandolinenzupfer ein süßes Liebesspiel. Kefalonia sowie die kleine Schwester daneben, die Odysseus-Insel Ithaki, empfehle ich übrigens gerne weiter. Im Jahre 1998 verbrachte ich hier vierzehn Tage mit Begleitung. Wir fuhren mit dem Zug von Salzburg nach Brindisi, dann mit der Fähre nach Korfu, Paxi und schließlich nach Sami, dem Anlegeort auf Kefalonia. Die Einfahrt zwischen den Geschwister-Inseln war so überwältigend, dass alle am Schiff mäuschenstill waren und sicherlich einigen dabei die Augen feucht wurden.

Die HML Fähre verdient noch ein paar Sätze. „Helenic-Mediterraneon-Lines". Ein schöner Name. Vom Aussehen schon etwas älter, darum nostalgisch-romantisch. Die romantische Seite waren natürlich die Bänke, die Sesseln und ähnliches Mobiliar. Auch an der Bar kam man sich vor, als ob jeden Moment Django oder Bonnie und Clyde hereinkommen könnten. Vielleicht auch Humphrey Bogart mit seiner Spätlese Vivian Lee. Weniger gefallen hat mir der Laderaum. Viele Kabeln und Rohre hingen hier relativ lose herum. Im Motorraum, damals noch nicht mal abgesperrt, fühlte man sich hundert Jahre zurückversetzt. Da war das Öl und der Gestank einfach atemberaubend!

Leider wurde HML bald darauf von der Minoan-Lines geschluckt. Hat man die alten Schrottkähne im Mittelmeer absaufen lassen? Wie sollen die Sardinen sonst zu ihrem Öl kommen und die Fische ihren Eisengehalt aufbessern?

Patras

Wir sind kurz vor Patras und es heißt wieder aufmerksam beobachten. Keine Wandergegend, logisch. Ein paar Vororte mitsamt der üblichen Einfahrtsstraße, links und rechts davon Gewerbehäuser, Tankstellen und ähnliches Zubehör. Was halt eine Stadt so alles braucht. Wir sind am Zielpunkt, dem Busbahnhof, angekommen. In unmittelbarer Nähe die Bahnstation und der Hafen. Es ist knapp vor 11 Uhr, also noch genügend Zeit für den Einkauf, den Weg in das Minoan-Lines-Hauptbüro zur Anmeldung für die erotische Schifferlfahrt und zum Essen. Das schwere Gepäck hinterlasse ich einstweilen im Minoan-Büro. Sollen die doch auch mal mitbekommen, was Zeitreisende für zwei Jahrtausende so alles mitschleppen müssen! Oder waren es doch nur zwei Wochen?

All diejenigen, die zum ersten Mal in Patras ankommen, sind richtig überrascht, wenn sie plötzlich auf einer der Flanierstraßen stehen. Ein imposantes Erlebnis! Besonders dann, wenn man im Reiseführer davon vorher nichts gelesen hat.

So erging es den zwei ungebildeten Schönen, Friederike und Monika. Das nennt man ausgleichende Gerechtigkeit. Unsereiner hat die Bildung, dafür hat die Schönheit schon verdammt nachgelassen.

Parallel zum Hafen gibt es mehrere endlos lange Einkaufsstraßen mit allem, was das Herz begehrt. Flanierstraße ist nicht ganz der richtige Ausdruck. Man hockt hier herum, wahrscheinlich mit dem Ziel, gesehen und bewundert zu werden und umgekehrt. Und das alles mitten auf der Straße. Vorwiegend Jugend. Sie sitzen im hellen Licht bei Kaffee, Cola, Wein und Mehlspeise und reden, plaudern, tratschen immerfort. Dieses eigenartige Geräusch, es hört sich fast an wie ein riesiger Vogelschwarm, vernimmt man schon lange, bevor die Meute überhaupt zu sehen ist. Diese Überraschung hatte ich Monika und Friederike mit viel Vergnügen bereitet. Selbstverständlich mit dem Hinweis, dass erst jetzt, durch ihr Dazukommen, die Schönheit und die Lebensfreude der Stadt Patras komplett sei.

Zur Stadtbesichtigung war es wieder mal zu heiß. Klar, es ist Ende August und Mittagszeit. Da genügt ein kurzer Blick auf die riesige Kathedrale Agios Andreas, das wohl berühmteste Bauwerk der Stadt. Die Burg und die zugehörige Ruine sind noch weiter oben, also genügen die Blicke dorthin, um die ohnehin schon stark abgenützten Beinchen zu schonen.

Die Erotokritos dampft erst gegen Mitternacht los. Ein Plätzchen in Hafennähe ist bald gefunden, nachdem der Einkauf erledigt wurde. Jetzt gemütlich essen, trinken und Menschen beobachten. Auch die riesigen Fähren aus der Nähe zu sehen, ist immer wieder interessant. Rot die „Super Fast", blau-weiß die „Blue Star", früher Strinzis-Lines genannt. Natürlich muss sich auch die „Anek-Lines" sehen lassen. Stolz liegen sie alle im Hafen, fast vergleichbar mit den vielen jungen Leuten auf den Flanierstraßen. Aber wo ist mein erotisches, viel geliebtes Minoan-Lines-Schifferl? Ah, weiter hinten, etwas verschämt versteckt wegen des biblischen Alters. Dabei bist du so wunderschön, außen wie innen.

Um 21 Uhr ist es endlich so weit. Die Geliebte gewährt mir Zutritt. Früh genug, um noch einen guten Platz zu ergattern. Nun ist auch noch Zeit, ein dickes Buch namens „ÖKO-Design" zu konsumieren. Das hätte ich beinahe im großen Rucksack vergessen. Der pensionierte Möchtegern-ÖKO-Oberlehrer muss sich doch weiterbilden. Immerhin war es für mich das teuerste, jemals gekaufte Buch. Vor zwei Jahren erworben, ist es dann versehentlich in eine Lade gerutscht. Jetzt soll der Inhalt schnell in das Hirnkastl transportiert werden, um anschließend mit diesem Know-how die Welt vor dem Untergang zu retten. Das sollte sich vor 2012 noch ausgehen. Das einzige Hindernis könnte der „Ökologische Rucksack" sein.

„Der ökologische Rucksack – Wirtschaft für eine Zukunft mit Zukunft, ist die sinnbildliche Darstellung der Menge an Ressourcen, die bei der Herstellung, dem Gebrauch und der Entsorgung eines Produktes oder einer Dienstleistung verbraucht werden. Sie soll im Rahmen der Ökobilanz einen Vergleichsmaßstab bieten, mit dem verdeutlicht wird, welche ökologischen Folgen die Bereitstellung bestimmter Güter verursacht.

Das Modell geht zurück auf Friedrich Schmidt-Bleek, der es 1994 im Rahmen der Überlegungen zum Material-Input pro Serviceeinheit (MIPS) erstmals veröffentlichte."[1]

Ein Beispiel:
Ein Baumwoll-T-Shirt wiegt eigentlich 15 kg, ein Computer mehrere Tonnen, ihren ökologischen Rucksack mitgerechnet.

Mein derzeitiger ökologischer Rucksack ist schon leicht eingerissen. Dennoch bin ich der Meinung, alle sollten wandern wie unsereiner mit Rucksack aus Jute statt aus Plastik.

Nachhaltigkeit ist das Schlüsselwort dazu. Das kann wiederum am einfachsten Beispiel, dem Wald, demonstriert werden. Wird ein Baum gefällt, sollte sofort wieder ein neuer angepflanzt werden. Somit ist für die nachkommende Generation der Bestand gesichert. Die Landwirtschaft ist das Paradebeispiel dafür – vorausgesetzt es wird ökologisch gewirtschaftet. Die bereits bekannte Kreislaufwirtschaft.

Nicht mehr ganz so rund läuft es beim Öl, das wir der Erde für Benzin und Kerosin entnehmen. Aber was geben wir zurück? Abgase, CO_2 und Feinstaub.

Das ist genau das Gegenteil von Nachhaltigkeit.

---

1) http://www.wikipedia.org/Die freie Enzyklopädie

So ein quasi „Sauberer", ein Pseudo-Grüner vom Typ E4-Weitwanderer, macht natürlich in seiner Art der Fortbewegung – Bahn, Bus, Fähre – auch Abgase, aber halt wesentlich weniger.

Nochmals zurück zum Ökologischen Rucksack: Alles was wir tun, produzieren, arbeiten, essen, trinken, alles hinterlässt Spuren. Meist sind es Abfälle, die man im besten Fall wiederverwenden kann. Da muss der schnell vom Bierchen Angesäuselte natürlich auch in sich gehen – seine Abfälle sind auch nicht übermäßig gefragt.

Bei Entscheidungen jedoch zwischen Eisen und Holz, hier müsste in der Regel dem Holz der Vorzug gegeben werden. Denn bis das Eisenerz den Weg von diversen Erzbergen zum Hochofen, von dort zum Walzwerk, zum Händler bis zum Schlosser gemacht hat, wird reichlich viel Abfall produziert. Auch der Transport und der Energieverbrauch werden mitgerechnet beim ökologischen Rucksack. In meinem teuren Buch ist ein Artikel über einige österreichische Unternehmen. Darunter als Vorzeigebeispiel das „Team 7". Die meisten Chefs klagen, dass heutzutage die ÖKO-Themen zu wenig bei den Kunden ankommen. Deshalb wird oft halbherzig daran gearbeitet. Schade, es könnte sehr viel mehr daraus gemacht werden.

Ein letzter Tipp noch zu diesem Thema:

„Der ökologische Jesus – Vertrauen in die Schöpfung", von Dr. Franz Alt. Als bekennender Christ begründet Franz Alt sein Engagement für die Ökologie aus seinem Glauben heraus.

Soll ich im Bauch des Schiffes schlafen wie bei der Herfahrt? Der Boden wäre angenehm warm und weich. Überdies ganz in der Nähe die Bar. Wie passt jedoch so etwas zum Image des Seekirchner Weitwanderers? Nicht auszudenken, dieses Geschehnis irgendjemandem zu Hause zu erzählen. Ich bin kein verweichlichter Typ, dem es zu kalt an Deck ist! Wo sind wir denn hier? In einem Sanatorium? Womöglich noch den Sternenhimmel, den Mond und den Fahrtwind versäumen oder gar am nächsten Morgen die Ankunft in Korfu und Igoumenitsa verschlafen? Nein! Lieber die ganze Nacht schlecht oder gar nicht schlafen, als das zu versäumen. Böse Zungen sagen ja immer, das sind die Blödheiten, die in der pubertären Zeit nicht verwirklicht wurden. Trotzdem, ich bevorzuge das wildromantische Deck und nicht die Annehmlichkeiten in einer Kabine.

In dieser Nacht hatte ich den seltsamsten, blödesten und im wahrsten Sinne des Wortes, kannibalistischsten Traum meines Lebens. Die wahrscheinlichsten Ursachen dafür, dürften eine Unterkühlung meines Luxuskörpers durch das Abrutschen der Wolldecke gewesen sein und ein grobes Versäumnis an der Bar. Nämlich keinen Metaxa, keinen Ouzo und auch kein ähnliches Getränk zur innerlichen Erwärmung genossen zu haben.

„Der Traum beginnt neblig und unklar. Doch alsbald erkenne ich einen großen Raum, indem sich mehrere Personen befinden und ich. Alle außer mir sind damit beschäftigt sich gegenseitig zu verzehren. Lautlos geht dieses Geschehen über die Bühne und wirkt wie selbstverständlich. Nur mehr wenige sind noch am Leben, einer davon bin ich.

Es gibt einfach nirgendwo mehr etwas zu essen, also muss man sich gegenseitig verspeisen. Nicht ganz unblutig, aber logisch. Meine Überlegung bei dieser makabren Gesellschaft ist nur, ob ich übrigbleibe, weil mein Gerippe sowieso nicht sehr viel hergibt.

Mein eigener Hunger hält sich Gott sei Dank in Grenzen. Das heißt, ich habe noch keinen in Arbeit. Makrobioten stehen eben auf Getreide und junges Gemüse. Die Chancen als Letzter übrig zu bleiben, stehen gut, nachdem ich immer noch alles habe, was so gebraucht wird. Eine Unterhaltung mit dem letzten Kumpel der hungrigen Truppe geht langsam zu Ende. Auch er hat genug abbekommen. Selbst ist er nur mehr als Nachspeise gebraucht worden und hat mit den paar fehlenden Stückchen gute Überlebens-Chancen.“

Mit diesem erfreulichen Ergebnis wache ich am nächsten Morgen auf. Abgedeckt, von der Schaumrolle gerutscht und auf dem harten Blechboden der Fähre gelandet. Immerhin, ich habe nicht in der kannibalistischen Speisekammer das Zeitliche gesegnet.

Taigethos Gebirge.

Daras – die Werbewäsche am zweckentfremdeten Volleyballnetz.

Am Fernwanderweg.

Einsame Schildkröte auf der Suche nach Zweisamkeit.

König Minos und Monopatin Monika.

Erotokritos - eines der ältesten Schiffe der Menoan Lines.

Eine der neuen Fähren der Minoan Lines bei der Ausfahrt von Patras.

Ökologie und Klimaschutz am Fährschiff nach Griechenland

Eine Fähre transportiert eigentlich Lkw und Fracht zwischen Griechenland und Mitteleuropa. Eine volle Auslastung ist daher sehr wünschenswert, damit pro kg Fracht möglichst wenig CO2 ausgestoßen wird.

Kommen dann noch zahlreiche Passagiere, auch ohne Autos mit, so fällt die CO2 Belastung durch die verhältnismäßig wenigen "kg Passagier" äußerst gering aus.

Man kann sogar sagen, dass die CO2 Emissionen die aus dem Deckpassagiertransport entstehen, mit nahezu Null bewertet werden können. Das gilt selbstverständlich auch für Passagiere die Ihr Rad nach Griechenland mitnehmen wollen.

1000 Passagiere auf dem Seeweg nach Griechenland ersparen somit ca. 5 Flüge. Die 1000 Schiffspassagiere würden beim Weg hin und retour ca. 400Tonnen CO2 einsparen. Das entspricht den Jahresemissionen von 40 Österreichern.

Ing. Robert Pröll, Klimabündnis Salzburg, Elisabethstraße 2, 5020 Salzburg, *0043 676/3826275*

www.klimabuendnis.at/salzburg

Igoumenitsa – Korfu

So beginnt der 30. August, es ist 6 Uhr früh und die Fährenglocke läutet. Wir laufen Igoumenitsa an. Das Meer und der Himmel sind noch diesig, aber es dürfte wieder ein blauer, sonniger Tag werden. Über den Traum noch weiter nachzudenken scheint mir unsinnig. Schließlich schaue ich im Vergleich zu den Traum-Verblichenen noch relativ flott aus. Nur das Hirn scheint, wie das Meer, noch etwas vernebelt zu sein, aber nach einer Miso-Suppe wird es auch hier wieder heller.

Wir kehren Igoumenitsa den Rücken und steuern Korfu an. Wie bei der Anfahrt nach Patras, so auch jetzt beim Zurückschippern, kommen mir wieder die pikanten Korfu-Geschichten ins Gedächtnis.

Da kenne ich Leute, die sich jedes Jahr im Frühling, zwecks besserer Beweglichkeit und damit es nicht so zwickt, an einer bestimmten Stelle die Härchen entfernen. Der Schweiß wird leichter verträglich und angeblich sieht es sogar besser aus. Es ist nicht die Achselhöhle. Diese besagten Härchen wachsen auf einem paradiesischen Hügel und sind übers Jahr wieder viel zu lang geworden.

Vor einer Reise wird bekanntlich die Zeit immer zu kurz. Und so passierte es auch Adam und Eva im Mai vor vielen Jahren, die Reise mit dem Ziel Korfu hatte bereits begonnen und diese äußerst wichtige Tätigkeit war noch nicht geschehen.

Endlich! Am nächsten Tag ihrer Ankunft, liegen die zwei nun im Paradies an der Spiridon-Bucht, im Sichtschutz eines großen Sandhügels.

Da wagt sich der schüchterne Adam seiner Eva das Angebot zu machen, diese wirklich unerträglich zwickenden Härchen etwas zu kürzen. Da sie vorerst, selbstverständlich ganz entrüstet, das Vorhaben ablehnt, muss er jetzt versuchen, mit viel Charme, Witz und kleinen Sandspielchen ein bisschen nachzuhelfen. Das Spiel mit dem Apfel war ja ausschließlich der Eva zugeschrieben. Bald stellt sich der Erfolg ein und er darf ihr beim Ablegen des Feigenblattes auch behilflich sein.

Das nächste Hindernis: Eva ist sehr emanzipiert, kann alles alleine und möchte daher den Haarschnitt selbst übernehmen. Adam jedoch ist der neue Superstar der Überredungskunst und sie willigt ein mit der Einschränkung: ja nicht zu kurz! Da ergibt sich vielleicht die große Chance, es zwei Mal machen zu dürfen.

Angefangen wird mit nur 1 cm, dann Zwischenkontrolle. Schon geht es los. Adam schnipselt, Eva blickt mit ihren glänzenden Augen mal auf ihren kleinen Hügel, mal wieder über den großen Hügel. Zwischendurch wird wieder ein bisschen auffrisiert, um dann festzustellen, dass die Haare immer noch zu lang sind. Das dauert natürlich.

Adam, mit seiner jungfräulichen Gabe zur Genauigkeit und seiner großen Liebe zum Detail glaubt zu erkennen, dass es Eva nun doch sehr behagt, diese Arbeit nicht selbst machen zu müssen.

Irgendwie dürfte das paradiesische Pärchen ein wenig vom eigentlichen Thema abgekommen sein. Evas Blick über den großen Hügel wird immer seltener. Adam muss immer mehr aufpassen, dass er nicht vom paradiesischen Hügel abgleitet um dann im Taleinschnitt der gewaltigen Naturlandschaft zu versinken.

Die Unachtsamkeit rächt sich! Ein junger Mann steht plötzlich verdächtig nahe und gafft ständig zum „Frisiersalon der etwas anderen Art". Peinlich, wenn der was erspäht hat, noch dazu in der Bucht des Heiligen Spiridon.

Jetzt nur keine Panik. Schnell ins irdische Höschen, das auch Adam abgelegt hatte. Die beste Lösung ist nun sicher, ganz cool und als ob nichts geschehen wäre, Richtung Meer zu gehen. Adam erst mal alleine, denn Eva hat zunächst nur reflexartig ihr Paradies bedeckt.

Der Barbier von Korfu schreitet lässig ins Meer, stoppt jedoch, kurz bevor seine Badehose nass wird. Der Kontrast vom heißen Höschen zum kalten Wasser, das ist einfach zu viel. Nur wegen diesem neugierigen korfiotischen Bengel so einen Kälteschock riskieren? Nein! Die Arme und der Kopf werden noch angefeuchtet, dann geht es zurück zu Eva. Diese findet, er hätte seine Sache gut gemacht, auch wenn sie nicht vollendet wurde.

Immer mehr Leute kommen jetzt an den Strand, somit muss der erotische Frisierladen geschlossen werden. Man verspricht sich noch gegenseitig, bei nächster Gelegenheit das Werk zu vollenden.

Soweit die Geschichte von Adam und Eva auf Korfu.

Noch immer ist es aufregend Kerkira näher zu kommen. Ein Flieger landet, gleich darauf hebt wieder einer ab. Wer einmal in der Nähe der Landepiste spazieren geht und so ein Vogel kommt geflogen, zieht unwillkürlich den Kopf ein. Besonders am Steg bei der Mäuseinsel. Wahre Flugkünstler sind da am Werk.

Im „ÖKO-Design" kommen die Flieger trotzdem nicht gut weg.

Der König Minos vom Kamin der Minoan-Line schaut suchend Richtung Pool. Vergeblich. Keine Spur von Ingrid, von Friederike oder Monika zu sehen. Er grämt sich fürchterlich, denn für solche Schönheiten dampfen zu dürfen, ist für ihn das höchste Glücksgefühl.

Korfu und Albanien liegen hinter uns und wir fahren mitten auf der Adria. Keine Delphine sind zu sehen, keine „monopatis" mehr und somit auch weniger Esel am Weg. Irgendwie stimmt es mich traurig, eben weil es so unbeschreiblich schön war.

Zu dieser Stimmung, das Schiff befindet sich gerade auf der Höhe von Ancona, passt auch die Abschluss-Geschichte meiner Schwabenreise und der schönen Ute.

Ihre Aufgabe von „Natur und Kultur Reisen" war, die ganze Truppe sicher von Ancona nach München zu bringen. Im Liegewagen der Deutschen Bahn. Wie immer hilft der Liegewagenschaffner mit Leintüchern, Kopfpolstern und besonders bei der Absicherung der oberen Betten. Die Sache ist doch sehr ernst zu nehmen. Nicht auszudenken, wenn da jemand heruntersausen würde. Könnte einen Schwachen treffen.

Ich werde in den dritten Stock verwiesen. Durchschaue natürlich nicht, ob das eine Strafversetzung sein soll oder ein Privileg. Brav ergebe ich mich meinem Schicksal. Als einziger Ausländer wäre ich ohnehin chancenlos. Gut warm ist es jedenfalls da oben. Da braucht es kein langes Beinkleid und auch keine Decke. Ein kleines Hoserl, anstandshalber, reicht da völlig.

Schön langsam füllen sich die Liegen unter mir, nach Utes höherer Ordnung. Offizielle Nachtruhe gibt es keine, deshalb wird noch schwäbisch geschwätzt. Nach zwei Wochen Sprachübung ist noch immer nicht alles durchschaubar. Nach dem Schwätzen kommen das Flüstern, dann das Mauscheln und schließlich die Stille. Unter mir vier belegte Betten. Neben mir, im dritten Stock, im Abstand von gut einem Meter ist noch eine Liege frei.

Es ist Mitternacht, als ganz leise eine schlanke Gestalt die Leiter heraufkommt. Heiß und kalt schießt es mir durch den ganzen Körper. Es ist Ute. Ich bin sprachlos, aber hellwach. Durch die Dunkelheit hindurch schaue ich zu ihr hinüber. Noch hell genug um zu erkennen, dass sie ganz selbstverständlich ihre Bluse auszieht. Darunter nichts als die reine Nacktheit. Ihre Schönheit, die zarte Gestalt, alles an ihr wirkt natürlich und zugleich zurückhaltend.

Es ist ihr ganz klar, dass ich sie beobachte. Sie weiß auch längst, dass sie mir gefällt und ich sie sehr mag. Gönnt sie mir einfach dieses abschließende anreizende Schauspiel? Nach einer kleinen Ewigkeit streckt sie ihren Arm in meine Richtung aus. Zufall oder Absicht? Beinahe zu lange warte ich, bis ich es endlich riskiere ihre Hand zu nehmen und sie sachte zu streicheln. Sie hat nichts dagegen. Mehr ist leider von ihr nicht zu erreichen. Die „Ein-Meter-Barriere"! Irgendwann flüstert sie Worte und ich glaube zu verstehen: „Es geht mir gut mit dir". Dann zieht sie allmählich ihre kleine Hand zurück. Lange Zeit schaue ich noch in der Dunkelheit zu ihr hinüber und beobachte, wie süß und friedlich sie schläft. Meine Gefühle sind unbeschreiblich. Aber wie in manchen Filmen, bleibt das Ende offen.

Der Tag auf der Fähre verläuft ruhig, sonnig und nachdenklich. Die immer wieder auftauchenden Fragen, ob die Wanderung anders verlaufen wäre, wenn, wenn … keiner kann sie beantworten. Klass war's und damit hat sich's!

Die zweite Nacht auf der Erotokritos wird wieder am zugigen Deck verbracht. Es ist sternenklar und er liegt, mit dem Blick nach oben gerichtet, auf seiner ein

Zentimeter dünnen Supermarkt-Schaum-Rolle und bedankt sich beim Pantokrator, dem Allherrscher – dem Weltenherrscher.

Am Freitag, den 31. August, um 9 Uhr verlässt er die Fähre und nimmt den Mittagszug um 13.14 Uhr von Venedig nach Salzburg. Und zu Fuß latscht er dann auch vom Bahnhof Seekirchen heim. Dreckig, stinkend, aber dankbar.

Um 19.30 Uhr ist er wieder zu Hause.

Nur wo du zu Fuß warst, bist du auch wirklich gewesen.
Johann Wolfgang von Goethe (1749 – 1832)

Der Sinn des Reisens besteht darin, unsere Phantasien durch die Wirklichkeit zu korrigieren. Statt uns die Welt vorzustellen, wie sie sein könnte, sehen wir sie, wie sie ist. Samuel Johnson (1696 – 1772)

Der Europäische Fernwanderweg E4

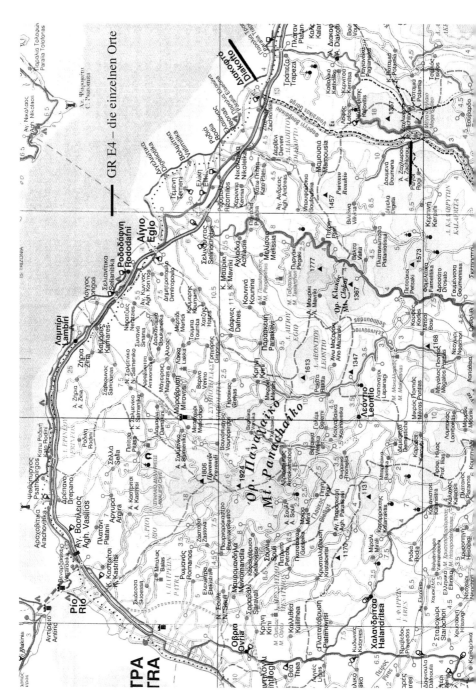

GR E4 – die einzelnen Orte

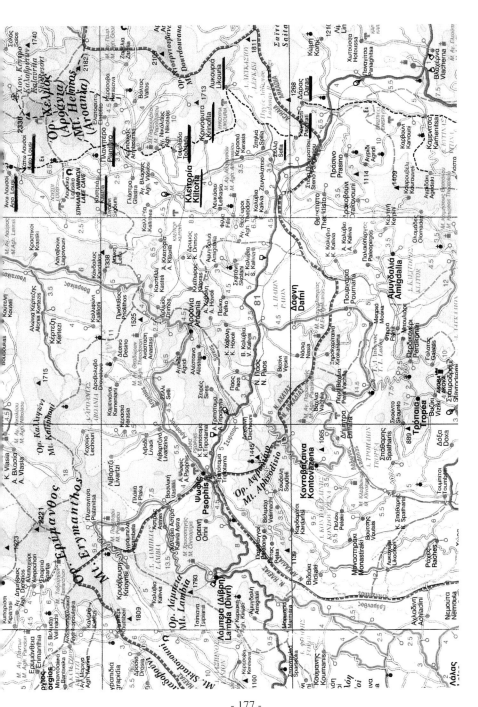

GR E4

Eisenbahn

Griechenland - Übersicht der 13 Bundesländer

Thrakien

Makedonien

Thessaloniki

Thassos

Chalkidiki

Samothraki

Corfu

Limnos

Igoumenitsa

Epirus

Thessalien

Volos

Inseln der Nord-Ost-Ägäis

Lesbos

Skiathos

Sporaden

Lefkas

Skyros

Ionische Inseln

Zentralgriechenland

EUBÖA

Chios

Kefalonia

Patras

ATTIKA

ÄGÄISCHES MEER

Zakynthos

Peloponnes

Piräus

ATHEN

Andros

Samos

Tripolis

Nafplion

Tinos

IONISCHES MEER

Mykonos

Ikaria

Kykladen

Paros

Naxos

Sparta

Kos

Rhodos

Kythira

Santorin

Dodekanes

Attika
Kykladen
Dodekanes
Inseln der Nord-Ost-Ägäis
Thrakien - Samothraki
Makedonien
Epirus
Thessalien
Euböa - Sporaden
Zentralgriechenland
Ionische Inseln
Peloponnes
Kreta

Karpathos

Kreta